北京文化中心建设课题研究丛书

U0727524

文化北京

跨进全球信息传播时代

——北京建设文化信息传播中心研究

主编　金元浦　秦昌桂

高宏存　张　力　等著

北京市文化发展中心　编

新华出版社

前言

　　文化，是党和国家新一代领导集体推进国家治理体系和治理能力现代化的重要组成部分。从文化的发展和繁荣来看，如何从经济、政治、文化、社会和生态文明五位一体的宏观整体上进行文化改革的顶层设计，并从改革的系统性、整体性、协同性出发辩证施政，是新一代领导集体推进文化发展的重中之重。十八届三中全会、四中全会和五中全会的决定，强调全面深化改革的总目标是完善和发展中国特色社会主义制度，必须更加注重改革的系统性、整体性、协同性，加快发展社会主义市场经济、民主政治、先进文化、和谐社会、生态文明。这就为我们全面深化改革确定了大框架，大格局。文化的核心是思想，文化繁荣发展的根本目的是以文化人。要让北京丰富的先进文化资源活起来、动起来，走进群众的生活里，融入群众的思想中。

　　将北京建设成为具有中国特色的世界城市，成为具有全球影响力的国家文化中心，这是党中央对北京的准确定位，是对北京文化的顶层设计，是北京建设成为具有世界影响力的国家中心城市的总纲领和总蓝图，也是北京全面建设国家文化中心的动员令与集结号。这是北京的历史所由，这是北京的希望所在，这是北京的人民之愿，这是北京的未来寄托。

　　到2020年，北京要在更高水平上建成全国文化精品创作中心、文化创意培育中心、文化人才集聚教育中心、文化要素配置中心、文化信息传播中心、文化交流展示中心。在十八大精神指引下，进一步发挥好首都文化中心的表率引领作用、辐射带动作用、提升驱动作用、桥梁纽带作用、荟萃集聚作用，全力实现首都思想

跨进全球信息传播时代

道德水平显著提升、文化事业全面繁荣、文化体制活力迸发、文化创意产业发达、城市文化魅力彰显、文化名家精品荟萃、文化科技深度融合、文化国际影响力显著增强等八大目标。

习近平同志极为关心北京的发展,多次来到北京视察。他在北京视察时指出,建设好首都,推动北京持续健康发展,需要付出长期艰苦的努力。北京地位高、体量大、实力强、变化快、素质好,是其主要特点和优势,同时不断发展的北京又面临令人揪心的很多问题。把各方面优势发挥出来,把各种问题治理好,要处理好国家战略要求和自身发展的关系,在服务国家大局中提高发展水平。习近平就推进北京发展提出了新的要求。即首先明确城市战略定位,坚持和强化首都全国政治中心、文化中心、国际交往中心、科技创新中心的核心功能,深入实施人文北京、科技北京、绿色北京战略,努力把北京建设成为国际一流的和谐宜居之都,带动京津冀全面协调发展,这是对北京建设具有全球影响力的文化中心的最新要求和精准定位。

十八大以来,我国文化获得了进一步发展,十八届三中全会做出的《中共中央关于全面深化改革若干重大问题的决定》,是未来十年我国全面发展的进军号角与宏伟蓝图,对于推进文化的改革创新做了全面系统的阐述。《决定》紧紧围绕建设社会主义核心价值体系、社会主义文化强国,深化文化体制改革,加快完善文化管理体制和文化生产经营机制,建立健全现代公共文化服务体系、现代文化市场体系,推动社会主义文化大发展大繁荣,提出了一系列创新性的观点。这是党在新的时代条件下带领全国各族人民进行的新的探索,对于建设社会主义文化强国,具有重要的现实意义与长远的历史意义,吹响了文化体制机制创新的进军号,将对我国文化发展产生重大影响。

2015年10月闭幕的五中全会更加明确地提出，实现"十三五"时期发展目标，破解发展难题，厚植发展优势，必须牢固树立并切实贯彻创新、协调、绿色、开放、共享这五大发展理念。新的发展理念，为新时期的发展勾勒了清晰路径，擘画了推动发展全局深刻变革的全新蓝图。北京文化中心的建设必须遵循五大理念的引领和相互融合的协同发展。

在五大理念中创新居于国家发展全局的核心位置。我们必须在这一核心动力影响下，不断推进理论创新、制度创新、科技创新、文化创新等各方面创新，让创新贯穿北京四个中心的建设和发展，让创新在全社会蔚然成风。北京要按照中央的部署，把发展基点放在创新上，形成促进创新的体制架构，塑造更多依靠创新驱动、更多发挥先发优势的引领型发展。

文化创新必须培育发展新动力，优化劳动力、资本、土地、技术、管理等要素配置，激发创新创业活力，推动大众创业、万众创新，释放新需求，创造新供给，推动新技术、新产业、新业态蓬勃发展。

文化创新必须继续深化文化体制改革，实施重大文化工程，扶持优秀文化产品的创作生产、加强网络内容建设、构建中华优秀传统文化传承体系、倡导全面阅读、发展体育事业、做好2022年北京冬季奥运会筹办工作等。

文化创新必须不断完善公共文化服务体系、文化产业体系和文化市场体系，推动文化社会效益和经济效益协调健康发展。面对互联网时代给文化发展带来的新机遇和新挑战，实施"'互联网+'行动计划"，增强互联网对文化提升发展的支撑能力，加快文化产业结构优化升级，发展骨干文化企业和创意文化产业；培育新

型文化业态和新的文化经济增长点，扩大和引导文化消费；推动传统媒体和新兴媒体融合发展，加快媒体数字化建设；优化媒体结构，规范传播秩序；提升国际传播能力建设，创新对外传播、文化交流、文化贸易方式，推动中华文化走出去。

北京市市委书记郭金龙在刚刚闭幕的中共北京市委十一届八次全会上指出：

北京作为全国文化中心，文化发展具有风向标和引领作用，必须更加自觉地服务国家文化发展大局。要加快建设先进文化引领高地，在培育和践行社会主义核心价值观、提升城市文明水平、加强思想意识形态工作、促进物质文明和精神文明协调发展等各方面走在全国前列。要建设全国文化中心还必须推动全国文化中心与全国政治中心、国际交往中心、科技创新中心的有机融合，履行好新时期首都职责。

这是"十三五"时期北京建设全国文化中心的行动纲领。

在一系列中央精神指引下，在市委宣传部指导下，我们编写了这套丛书。分别从六个方面研究并论述了北京建设全国文化中心的现实状况、实现路径和未来方向：

北京作为全国文化中心城市，首先要建成中国乃至世界的文化精品创作与研发中心。要破除我国目前在文艺创作中出现的有高原无高峰的现状，通过净化文化精品育成的环境，完善创作机制，健全传播与接受机制建设，创作出具有时代特征并能得到人们普遍认可的既有"思想性""艺术性"，同时又具有"观赏性""消费性"的作品。伟大的时代需要与其相称的伟大艺术精品和引领伟大时代艺术的文化艺术大师。北京建设文化精品中心，就要充分挖掘和利用北京独一无二的深厚文化资源和人才资源，在传承优秀民族文化经典和吸收国外先进文化的基础上，排除干扰，聚精会神，目不旁骛，潜心打磨，必将产生一批有世界影响力的文化大家和文化经典，实现文艺创作和艺术教育从高原到高峰的飞跃。

北京建设文化创意培育中心，旨在通过文化创意培育有效提升北京的文化凝聚力、文化生产力和文化创造力，为北京的文化中心建设提供软实力支撑。作为全国文化创意培育中心，文化创意是城市可持续发展的"推进器"。创意北京建设的着力点，在于通过创新教育模式、创意权益的保护、城市空间的合理规划、创意氛围和社会环境的营造、城市创意指数的构建、优势行业的培育与发展等，把文化创意培育中心建设融入到北京城市转型发展和创新驱动战略之中，全面提升北京文化创意产业的质量和效益。

北京建设文化人才集聚教育中心，充分体现出人才对城市发展的重要性。在城市大竞争的时代，人才尤其是文化创意人才，作为城市发展最主要推动力的作用正日益展现出来。在某种意义说，全球高端城市的竞争从根本上说是人才的竞争。北京建设高水平的文化人才集聚教育中心，是要在当代文化、科技与经济高度融合发展的时代背景中，通过建立国际化的高端人才吸引机制、健全现代化的文化人才激励机制、打造系统化的文化人才管理机制、完善全方位的文化人才保障机制等一系列举措，为城市建设培育、吸引优质的复合型的文化创意人才，为提升城市发展水平和品质提供智力支撑。

北京建设文化信息传播中心，承载着服务首都、辐射全国的双重使命。从全球传播格局来看，北京声音在一定意义上代表着中国声音，大力发展北京文化信息传播，在国际传播格局中赢得一席之地，是新形势对北京

的更高要求。加强文化信息传播中心建设，发展文化信息传播产业，既符合北京城市功能地位，又能与国家文化软实力建设中发挥全国示范作用的要求相适应。在"互联网+"引领我国文化领域大发展的新时代，北京大力发展文化信息传播，应秉持"大传播"理念，强化互联网思维，努力探索在传统媒体与新媒体融合语境下如何提升主流媒体传播影响力与公信力的途径，加快推动传统媒体和新兴媒体深度融合的探索与实践，提升北京在全国乃至世界文化信息传播格局中的公信力、号召力。

北京建设文化要素配置中心，旨在厘清全国文化中心城市的核心文化要素，并对其进行合理配置。城市文化要素拥有多样化的分类和属性，从时间属性来说包括历史文化与现代文化两大类，从功能属性来说包括首都文化服务功能和地域特色文化功能，从性质属性来说包括公共文化和文化产业，从形态属性来说包括精神文化和物质文化，从产业属性来说包括生产文化和消费文化。可以说，历史文化、公共文化、文化产业、文化消费以及城市所展露出的文化精神，构成了北京作为文化要素配置中心的核心支撑。同时，如何合理配置这些复杂多样的要素，使其多样共生，相融相谐，是北京面临的重大考验。北京建设具有世界影响力的文化中心城市，就是要在各文化要素配置中充分发挥北京作为中心城市和首都城市的影响力、辐射力，从而在中华民族文化复兴的伟大新时代，创构世界文明的全新经典。

北京建设文化交流展示中心，就是要面对国际国内两个市场，两个空间，树立起文化中国、文化北京的国际形象和世界城市的新品牌。北京建设文化交流展示中心，得益于北京所具有的丰富的历史文化资源，使得北京城市本身具有去向世界各国展示中华文化的特有魅力，切实有效地提升中国文化的国际影响力。文化贸易与交流展示平台是交流展示中心建设的两大支撑。其中，文化贸易是交流展示中心建设的硬实力，它以文化与经济相结合的方式，有助于北京在世界文化格局中营造话语权；而交流展示平台则是发展的软实力，讲好中国故事，展示中国精神，发掘中华智慧，滋养世界文明。这一切，都必须在全球各个国家、各个民族、不同地域之间通过展示、对话、交流、沟通来解决，最终实现双赢、共赢的共同目标。

推进北京全国文化中心建设，以文化精品创作中心、文化创意培育中心、文化人才集聚教育中心、文化信息传播中心、文化要素配置中心、文化交流展示中心为着力点，深化文化体制机制改革与创新，充分挖掘历史文化资源，完善公共文化服务体系，加强文化产业的设计和决策，灵活处理文化市场和政府指导的关系，是提升北京作为全国乃至世界文化中心影响力的必由之路。同时，我们也应当看到，文化中心建设是一个内涵和外延都较为复杂的概念，涉及文化创作、文化创意、文化人才、信息传播、要素配置和文化交流等多个层面，而且伴随着文化与科技、经济等领域的融合趋势进一步增强，建设全国文化中心不仅仅单纯是文化本身的任务，更是一个涉及多个领域的系统性工程。作为六本书的总纲，我们又编写了《北京建设国家文化中心研究（总报告）》一书，以总领并介绍各分册的内容，更利于读者阅读。

习近平同志曾指出，文化的力量，或者我们称之为构成综合竞争力的文化软实力，总是"润物细无声"地融入经济力量、政治力量、社会力量之中，成为经济发展的"助推器"、政治文明的"导航灯"、社会和谐的"粘合剂"。而应对当前我国发展面临的一系列矛盾和

挑战，关键则在于全面深化改革。必须从纷繁复杂的事物表象中把准改革脉搏，把握全面深化改革的内在规律，特别是要把握全面深化改革的重大关系，处理好解放思想和实事求是的关系、整体推进和重点突破的关系、顶层设计和摸着石头过河的关系、胆子要大和步子要稳的关系、改革发展稳定的关系。这从方法论上给了我们一把辩证法的钥匙。

欣逢伟大变革的新时代，承载着中华民族复兴的历史使命，我们信心百倍，激情满怀：我们的中国梦一定要实现，我们的中国梦一定能够实现。

目录

跨进全球信息传播时代

跨进全球信息传播时代

绪　论
推进北京文化信息传播发展的意义与使命

推进北京文化信息传播发展、引领全国文化信息传播是首都北京建成国家文化中心的应有之义。从全球传播格局来看，北京声音在一定意义上代表着中国声音，大力发展北京文化信息传播，在国际传播格局中赢得一席之地，是形势所趋。鉴于此，我们需要从北京地区文化传媒行业发展的现实以及构成文化信息传播生态环境的基本要素等角度去考察与审视北京文化信息传播赖以生存的媒介环境。

北京建设国家文化中心的过程中，发展文化信息传播是与北京市的城市功能定位和根本目标，与国家文化软实力建设中起全国示范作用的要求相适应。文化信息传播的服务功能，既要服务首都，又要辐射全国，与国家整体文化战略目标相统一。

发展北京文化信息传播，承载着特殊意义与重要使命。北京建设世界城市，既是北京的任务，也是我国在崛起中寻求经济与文化均衡发展，"硬实力"与"软实力"齐头并进的重要举措。而在这一过程中，北京市使命与责任重大，北京必须成为国家软实力提升的重要代表和城市载体。大力发展文化信息传播，是首都文化强国建设的城市使命。

与世界发达国家国际化大都市的文化传播力相比较，尤其是面对西方发达国家话语霸权与和文化渗透的挑战，北京文化信息传播影响力仍然比较有限，北京目前拥有的国家级影视广播机构、报刊

以及北京地区传媒业机构，尚未在世界形成具有较大影响的传播效果。中国中央电视台在世界100家大电视公司排行榜中地位落后，新华社与美联社、路透社、法新社等在世界舆论场的影响力相比而言，也显得声音弱小。据统计，新华社拥有5000多家用户，其中国外用户100多家，而美联社、法新社的用户数已达到15000余家，差距十分明显。随着外资传媒的不断进入，北京推进文化信息传播发展还要面对这些具有相当竞争力的境外媒体挑战，如何利用传播资源优势并发出自己的声音是北京发展文化信息传播工作的一项重要内容。

北京大力发展文化信息传播，也是中国在全球数字化时代沟通开展对话的有效途径。全球数字化时代，文化信息传播具有的重要意义和价值，远远超过传统媒体传播时代，文化信息传播呈现出新的特征与趋势。更为重要的是数字化传播给与中国等发展中国家跨越式发展带来千载难逢的机会。

北京大力发展文化信息传播，要树立"大传播"理念。文化信息传播不仅仅局限于各类规范传统的"媒体"，而是拥有更加多样的载体平台，而其中正规的媒体只是传播载体谱系中的特殊一员。没有"大传播"理念就不可能真正搭建起国家文化信息传播的跨行业、跨领域、跨介质、跨载体的文化超级平台。

北京大力发展文化信息传播，还要努力探索在传统媒体与新媒体融合语境下如何提升主流媒体传播影响力与公信力的途径。2014年8月，国家从整体发展战略的高度对媒体融合道路做出明确指示，中央全面深化改革领导小组第四次会议审议通过了《关于推动传统媒体和新兴媒体融合发展的指导意见》，习近平总书记强调，要着力打造一批形态多样、手段先进、具有竞争力的新型主流媒体，建成几家拥有强大实力和传播力、公信力、影响力的新型媒体集团。随后，中宣部部长刘奇葆指出，要贯彻媒体融合发展的讲话精神，强化互联网思维，加快推动传统媒体和新兴媒体深度融合，中央主要新闻媒体要走在融合发展前列，努力成为拥有强大实力和传播力、公信力、影响力的新型媒体集团。这些政策精神对北京发展文化信息传播无疑具有积极促进的深远意义。北京发展文化信息传播应抓住这个大发展的历史机遇，取得长足的进步。

在此，需要说明的是，本研究考虑到与其他各个子课题的衔接问题，主要还是以媒体传播研究为重点内容，特此说明。

跨进全球信息传播时代

第一章
"大传媒"格局下的北京信息传播

今天的传媒业与电信、IT制造等相关产业的界限日益模糊。新兴技术形态、新兴媒介不断出现，互联网、社会化媒体和移动互联网与传统媒体并驾齐驱，传媒业边界的扩张不但推动了产业规模化发展，更酝酿着行业转型和管理体制变革的暗潮，"大传媒时代"已经到来。媒体形式多样化，对传统媒体的优势地位带来了巨大冲击，形成了当前社会文化信息多元化传播的崭新格局。

第一节 媒介融合背景下的多元化信息传播格局

随着信息技术、通信技术以及互联网的飞速发展，人类生产方式、生活方式和思维方式在不断变革。信息传播的内容、形态和生产方式都发生了重大变化，网络文化、IPTV、手机电视、博客、微博等新媒体形态层出不穷，它们以交互式传播方式、多元化传播内容以及数据存储的高质量和大容量，极大地满足了用户需求。长期以来，我们对传媒的理解基本界定在以专业化内容制造和传播为核心的传媒产业上，随着互联网的飞速发展和普及，一次又一次地打破我们固有的思维定式。特别是伴随着社会化媒体在全球范围的普及，内容制造和内容传播不再是媒体工作人员的专属职业，提供平

台服务的运营商俨然成为最大内容制造者，传统的传媒和传媒产业的概念被颠覆，传媒产业的边界变得模糊。

北京作为首都和全国的政治、文化中心，是我国文化综合实力、网络文化发展领先的城市，承担着在社会主义文化强国建设战略中发挥文化中心示范作用的任务，聚集着众多重要媒体单位和部门，同时也是重要新兴媒体的总部。北京文化信息传播辐射全国，同时也对世界产生巨大影响。

一、传统媒体面临巨大挑战

传统媒体是相对于网络等各种新兴媒体而言，以传统的大众传播方式定期向社会公众发布信息或提供教育娱乐等交流活动的媒体，包括报刊、广播、电视三种传统媒体。北京有众多重要的传统媒体单位，如以《人民日报》、新华社、中央电视台、中央人民广播电台、《求是》杂志、《光明日报》《经济日报》为代表的中央级主流新闻媒体；以《北京日报》《北京青年报》《法制晚报》、北京电视台、北京人民广播电台、《前线》《党建杂志》等为代表的区域性传统主流媒体，以及《北京晚报》《新京报》《法制晚报》、《京华时报》《北京晨报》及《北京青年报》等都市类、经济类、娱乐休闲类、信息服务类媒体。

目前，虽然传统媒体受到网络新兴媒体的巨大冲击，但传统媒体仍然在传播中具有不可替代的作用。其一，传统媒体占据着社会主流声音，引领社会的主流意识，具有一般新闻媒体难以相比的权威地位和特殊影响，被国际社会、国内社会各界视为党、政府和广大人民群众意志、声音、主张的权威代表；其二，传统媒体体现并传播社会主流意识形态与主流价值观，坚持并引导社会发展主流和前进方向，具有较强影响力；其三，传统媒体具有较强公信力，报道和评论被社会大多数人群广泛关注并引以为思想和行动的依据，较多地被国内外媒体转载、引用、分析和评判；其四，传统媒体着力于报道国内外政治、经济、社会、文化等领域的重要动向，是历史发展主要脉络的记录者；其五，传统媒体从业人数众多，组织机构健全，人员素质好，有强大的人力物力资源；其六，传统媒体从事信息传播的时间长，在长期的新闻报道和信息发布中积累了丰富的经验等。

但传统媒体也存在着许多问题和考验，尤其是北京作为网络传媒最发达和使用最频繁的地区之一，随着自媒体的广泛使用，信息来源的渠道日益多元，信息"发酵"产生化学反应的时间越来越短，自媒体在突发热点、敏感问题上的跟进及传播过程中严重挤压着传统媒体的生存空间，使得传统媒体往往处于"沉默""失言"甚至"乱语"的状态，如北京的7·21特大暴雨、故宫风波、北京的雾霾等。正是在网络媒体的冲击下，传统媒体主导舆论的现象受到很大冲击，报业经营出现严峻局面，报纸广告经营下滑，报纸订户数量逐年减少。据艾瑞统计数据显示，2008年至2011年间，北京地区电视机开机率从70%下降到30%，电视观众不断减少，且观众中老年居多、电视开机时间越来越短，广告收入下滑、效益减少等问题更加突出。因而北京地区重要传统媒体纷纷采取措施，积极探索向新兴媒体延伸，各大媒体纷纷建立自己的网站、微博等应对时代的挑战，改变传统媒体的整体竞争力。

二、新兴媒体蓬勃发展奠定"中国网都"地位

加强中国"网都"建设，不仅是在战略层面推动北京文化发展与繁荣的整体性要求，也是北京进一步实施网络文化创新与文化科技创新，全方位推动北京网络文化建设，发挥全国文化中心示范作用的必然性要求。围绕"网都"建设，北京在网络平台建设和制度机制两个层面重担着力，为新兴媒体的蓬勃发展奠定了现实和制度

基础。

一方面，加强网络平台建设，提高北京互联网的普及率。

目前北京地区互联网普及率已超70%，超出全国普及率近30个百分点，网民规模庞大，手机网络用户激增[1]。北京属地主要的网络媒体有千龙、新浪、搜狐、网易、凤凰、百度、第一视频、tom、中华、和讯、天天在线、优酷，以及北青网等传统媒体网站。

北京地区目前的网络新媒体大致可以分为以下几类：综合门户网站、搜索引擎、传统媒体网站、网络视频、社区社交类网站、其他类型网站。使用和接受新媒体的受众越来越多，新媒体对现实社会的影响和渗透越来越大。新媒体与社会的联系日益紧密，以终端、平台和服务为主要组成的移动互联网产业体系得到整体发展，正在极大改变北京互联网产业格局，极大改变网民上网行为和生活方式，并进一步影响从政府到社会组织到各行各业的运行方式。

以开放平台领域发展为例，目前国内主流的开放平台为百度开放平台、360开放平台、人人网开放平台、腾讯开放平台和淘宝开放平台，其中百度应用开放平台、360开放平台、人人网开放平台均在北京；另外，根据DCCI调查发现，截止到2011年在北京从事互联网网站管理的从业者已经占到全国的14.7%以上，位居全国第一，远超过其他省份和城市；从事移动互联网开发的从业者，北京地区最多，占全国总体的40.1%，以高出30%的优势领跑全国移动互联网发展。北京作为"中国网都"的地位，已经确立起来。

另一方面，完善新媒体管理制度建设，提升新媒体管理效能。

新媒体对社会的影响已发展到各个层面。新媒体在带动传统产业转型升级、推动经济发展和社会进步、提升政府公共管理和公共服务水平、促进社会主义文化建设、畅通舆论表达渠道、增强国家

---

1 中国新闻网，《北京地区互联网普及率超70%手机网民激增》，2013-08-20。

综合竞争力等方面发挥了越来越突出的作用，成为社会不可或缺的一部分。

但新媒体的出现也使得互联网成为谣言、虚假信息集散的重灾区。为了增强首都网络文化对社会主义核心价值的传播力、辐射力和影响力，抵制危害我国文化安全和不良信息的传播，2011年12月，在经过广泛调研和听取各方面意见的基础上，北京市人民政府新闻办公室、北京市互联网信息办公室等4家单位联合制定并颁布了《北京市微博客发展管理若干规定》（以下简称《若干规定》）。《若干规定》对微博客的运营网站、使用微博客的组织或个人、微博客传播的内容信息、微博客管理部门、行业协会等相关主体的责任和义务进行了明确的阐述，要求各门户网站建立健全微博客信息安全管理制度、虚假信息揭露制度，并对有害信息的传播予以制止和限制。为了进一步加强新媒体的精神文明建设，2012年2月，由北京市网管办会同首都文明办、北京网络媒体协会等9家单位共同制定的《北京市文明网站、文明频道测评标准》（以下简称《测评标准》）正式获得审议通过。《测评标准》内容涉及"文明创建活动深入有序""网站运营管理规范""内容健康，服务优质""加强队伍建设""遵纪守法，诚信经营""严格自律，主动接受监督""热心公益，履行社会责任"等7个方面，规定细则在方向上与目前网络发展的现状和舆论导向的需要相一致。2012年11月5日，北京市还正式成立了中国首都互联网协会委员会，加强对网络文化建设的管理与领导。首都互联网协会党委会是中国互联网协会成立的第一个党委，是对互联网行业管理机制的完善，也是非公有制企业党建工作的一项创举。作为北京属地商业网站党建工作的领导机关，首都互联网协会党委会承担着指导并帮助各网站进行党建工作的职责，它要求各级党组织、党员在网站工作中充分发挥先锋模范作用，引导企业的文化建设，利用多种形式组织并宣传党的路线方

针政策。截至2012年底，北京属地共9家网站成立了党组织，26家主要网站共有党员2680人，其中百度等3家网站成立了党委，千龙网成立了党总支，首都之窗等5家网站成立了党支部，极大推动了首都网络文化的健康发展。

新规定、新机制的推出与建立，不仅是北京作为"网都"在制度化建设进程中取得的重大突破，也对新媒体自身内容信息的标准化管理、体制机制建设提出了更高的要求，在客观上有力地推动了北京"大传媒"格局的形成。

三、从媒介融合走向传播融合是大势所趋

近年来，媒体信息传播呈现出了全球化、网络化、全民化、移动化、融合化、社会化发展的趋势，新媒体已经成为有史以来最强势的媒体，并常常"植入"中国政治、经济、文化、社会等诸多领域，功能不断延展的新媒体与社会的融合在深化。

基于网络信息技术的新媒体已成为全球前所未有的最强势媒体，是各国竞相抢占的战略制高点，各国政府纷纷从国家战略层面推进新媒体及相关领域的发展。我国的新兴媒体经过不到20年的超常规发展，已经拥有世界最庞大的新兴媒体用户和最活跃的新兴媒体市场，迅速成为世界新兴媒体大国，实现着从媒介融合到传播融合的实践。

北京作为首都城市，大众传媒的勃兴对于北京的政治、经济、文化生活产生了革命性影响。"媒介化政治传播已经在当今民主政治和公共生活之中占据了核心地位"，已经成为当代中国政治发展的加速器。"北京微博发布厅"不仅是北京市主动适应新形势的产物，也极大拓宽了党和政府与人民群众的联系渠道，网民表达、建议、批评、监督的方式日益多样，网络问政、微博反腐成为监督热点。

新媒体对于北京乃至中国传统的传播格局最大的影响，就是建

构了多元而广泛的舆论表达空间，传播主体极其多样，传播手段极大丰富。从广义的新闻信息和舆论传播角度看，已经形成了商业网站、新闻网站和社交自媒体叠加影响的新闻舆论传播格局。

第二节 北京传统媒体传播现状

在"大传媒"的时代格局下，北京地区的传统媒体在与新媒体的竞争中发展，或转型或渗透进入新媒体，打造媒介全产业链，避免在全媒体产业环境中成为碎片化单纯新闻源、内容生产者，在产业链条中失去营利性的竞争能力。整体而言，北京地区的传统媒体，不论纸媒还是广电，都在探索中经历着成长变革的痛苦和进步。

一、纸媒：影响力稳步增长

纸媒作为以定期向公众传播新闻和时事评论为主要内容的印刷出版物，是信息传播的主要载体。自2008年金融海啸之后，全国报纸种数呈现出下滑趋势，北京地区的报业虽有波动，但受波及并不大，仍表现出相对强大的活力和传播影响力，品牌化效应不断增强。

（一）数量及发行量位居全国前列

从报业环境和市场结构看，北京报业市场繁荣，而且报纸种类众多，结构健全，含党报、行业报、综合类报纸及生活服务、财经、时政、健康、文摘等。从发行周期看，有日报、周报等。各类别报纸发展态势较为良好，竞争格局基本稳定，发行市场覆盖区域广，行业渗透率高。其中都市报种类众多，始终占据发行市场主流，时政类报纸市场份额与都市报有较大距离，此外是生活服务类、财经类等报纸。

在全国范围内，北京地区的报纸影响力与其他城市或地区相比，处于领先地位。报纸的种类说明了城市信息传播的活跃程度和

信息集散的能力，从种类上来看，2006—2012年，北京地区报刊种类基本维持在255种左右，占全国报刊种类总量的13%以上，其中2010年最高，达262种，占全国的12.51%。与上海、广州两城市相比，种类数量优势明显，充分彰显了北京作为首都城市对报刊业的聚合能力。报纸的印数和印张，是报刊辐射力和传播能力的体现。从印数和印张来看，除2009年报刊业略有降低外，2006—2012年北京地区报纸总印数、总印张基本呈现出上扬的态势。这主要是由于2008年北京奥运会的落幕，在某种程度上对报纸业的发展造成了一定程度的冲击。至2012年北京地区报纸总印数达89.5万份，占全国总印数的19.79%，总印张虽然占全国的比重有一个较为明显的下滑，但很快走出颓势，2010年总印张达到275.62亿张，占全国的总份额达到12.83%，超出同期上海、广州所占的份额比重。

2006—2012年北京地区报刊数量及占全国比例

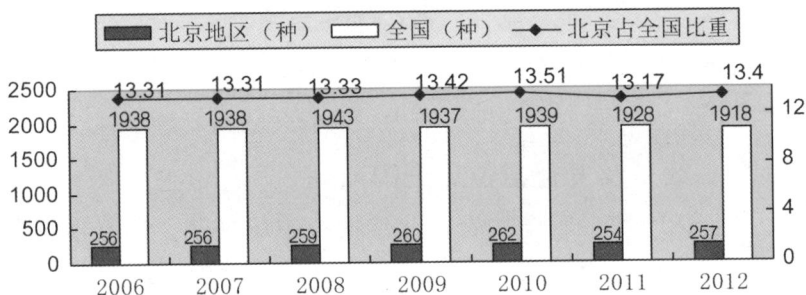

| | 北京地区（种） | 全国（种） | 北京占全国比重 |

年份	北京地区（种）	全国（种）	北京占全国比重
2006	256	1938	13.31
2007	256	1938	13.31
2008	259	1943	13.33
2009	260	1937	13.42
2010	262	1939	13.51
2011	254	1928	13.17
2012	257	1918	13.4

北京、上海、广州报刊种类数量

年份	2012	2011	2010	2009	2008	2007	2006
北京	257	254	262	260	259	256	256
上海	100	100	100	100	100	101	101
广州	–	54	76	76	74	72	71

2006—2012年北京报刊印数及占全国比例

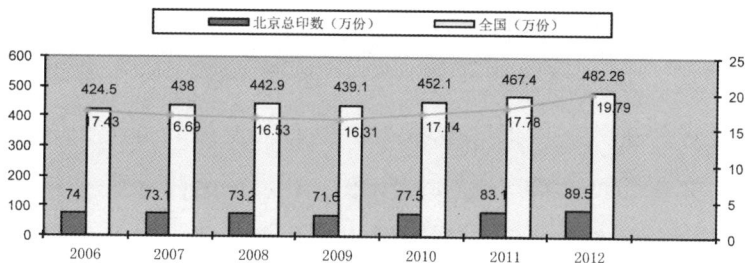

图例：北京总印数（万份）　全国（万份）

年份	北京总印数	全国	占比
2006	74	424.5	17.43
2007	73.1	438	16.69
2008	73.2	442.9	16.53
2009	71.6	439.1	16.31
2010	77.5	452.1	17.14
2011	83.1	467.4	17.78
2012	89.5	482.26	19.79

2006—2012年北京报刊总印张及占全国比例

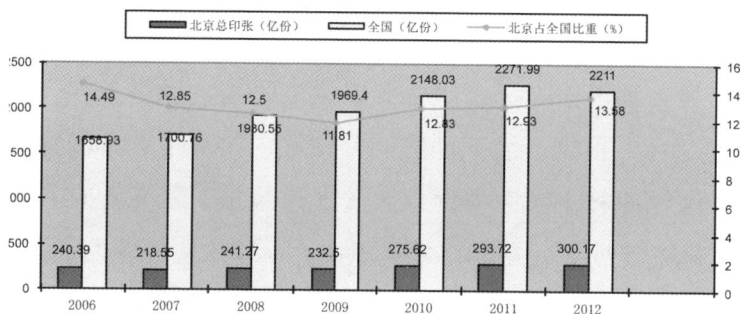

图例：北京总印张（亿份）　全国（亿份）　北京占全国比重（%）

年份	北京总印张	全国	占比
2006	240.39	1658.93	14.49
2007	218.55	1700.76	12.85
2008	241.27	1930.55	12.5
2009	232.5	1181	1969.4
2010	275.62	2148.03	12.83
2011	293.72	2271.99	12.93
2012	300.17	2211	13.58

（二）品牌化效应不断增强

报纸的品牌化建设，是"大传媒"时代北京地区报业发展的重要举措。由于受诸多因素影响，北京地区各类报纸在品牌化过程中具有不同的优势。根据行政级别划分，北京地区报业在品牌化建设中呈现出不同的优势。

第一类：党报。作为政党的机关报，党报在信息传播中承担着宣传政党的纲领、路线和政策的重要职责。北京地区中央级的党报有《人民日报》《光明日报》《经济日报》等；国家部委的机关报有《中国教育报》《中国环境报》《中国文化报》《中国妇女报》等，行业报有《中国冶金报》《金融时报》《中国计算机报》；属于北京市的有《北京日报》《北京青年报》等。

党报由于具有权威信息发布的先天性优势，品牌化的效应明

显。从定位来看，这类报纸侧重于舆论引导，有较强的思想性、时代性和公信力；从内容来看，专注于政治、经济、社会、文化领域的重大题材；从传播受众来看，趋于高端人群，以决策者、管理者、研究者为主体。同时，党报在适应时代发展转型上也保持了与时俱进的文化品格，如《北京青年报》对市场经济条件下报业经营运作新模式做了有效探索，改制后的《北京青年报》不仅成为北京地区有竞争力的报纸，在市场发行量和广告市场份额等方面有较大提升，而且通过积极的市场运作，成为我国报纸广告经营业务在港上市的第一家内地媒体。

第二类：都市报。都市报主要以关注民生，融服务性、新闻性于一体的综合性报纸。北京地区的都市报主要有《北京晚报》《法制晚报》《新京报》《京华时报》《北京晨报》及《北京青年报》等。在长期的产业化运营和市场竞争中，品牌效应逐渐凸显。

第一，发挥比较优势，强化品牌效应。差异化的发展道路，是都市报占领市场的有效方式。《北京晚报》《京华时报》是北京新闻分量最足、本地资讯最多、新闻时效最强的主流报纸，通过不断拓展发行渠道和内容建设，这两类报纸的市场份额占北京都市报的六成，成为北京读者最喜爱和最关注的报纸。2010年10月，在世界报业、新闻工作者协会发布的2010年全球报纸发行量前100家报纸中《京华时报》首次进入世界发行百强行列，成为全国发行量较大报纸之一。《北京晨报》为首都第一张都市早报，每天上市最早，也是北京市场唯一获准流动销售的报纸。《北京晨报》拥有遍及北京8个城区近100个发行站、2000余名发行员的发行网络，以"报追人"的崭新售报形式，迅速拓展了市场空间。《新京报》是国内首家获正式批准的跨地区联合办报的试点报纸，也是中国首家股份制结构的时政类报纸，《新京报》仅仅依托制度优势，以征订和零售为主要发行渠道。以版式简洁、现代、优雅，追求"厚报时代、轻松阅读"，注重图片与插图的应用的文化风格，成为得到主流人群喜爱的新型时政类日报。

第二，与现代科技结合，提升报纸品质。网络技术的普及虽然挤压了纸媒的生存空间，也为纸媒的提升发展与空间拓展提供了契机。2012年5月，《京华时报》云报纸全球首发，成为第一家将图像识别技术与纸媒相结合的媒体，彻底颠覆纸媒展现形式、传播方式及运营模式，成为"中国传媒十大新闻事件"之一。云报纸的发行体现了《京华时报》的创新精神和创新意识，从内容上说，云报纸的出现将平面新闻立体化，纸媒内容多样化，单向传播互动化。从经营上，云报纸改变了平面广告的静态展示模式，通过网络化的销售，保障了客户利益的最大化。

第三类，生活服务报。生活服务类报纸是作为党报、都市报以外的"非主流"报纸，以引导市民健康积极的消费方式和提供时尚的生活信息为主要内容。北京地区生活服务类第一纸媒是《精品购物指南》，创刊于1993年。《精品购物指南》是我国第一份彩色印刷时尚生活服务类报纸，被誉为"中国时尚生活服务类报纸的第一品牌"。2007年被新闻出版总署报刊司评选为全国生活服务类报纸竞争力10强；2008年被全国生活服务类报刊联谊会评选为全国城市周报十强第一名，同时获得"最具时尚影响力城市周报"。《北京社区报》是北京报业市场上唯一一家直接以"社区报"命名的综合性日报，作为面向社区生活的报纸，是在内容上以关心社区百姓、社情民意、老年生活、弱势群体为主，被广大读者誉为社区的"情报"，在社区服务和社区生活中具有较强的影响力。

二、期刊：种数及发行量全国领先

期刊是信息集散的重要形式。期刊的目标受众群体包含各行各业，其报道富有深度广度，专业服务针对性强，发行相对稳定，受

众忠诚度高，构成了城市文化的重要景观。北京市依托城市经济、文化的发展，杂志众多，内容丰富，无论在种数还是发行量上在全国都具有绝对性的优势。

北京、上海、广州期刊种数

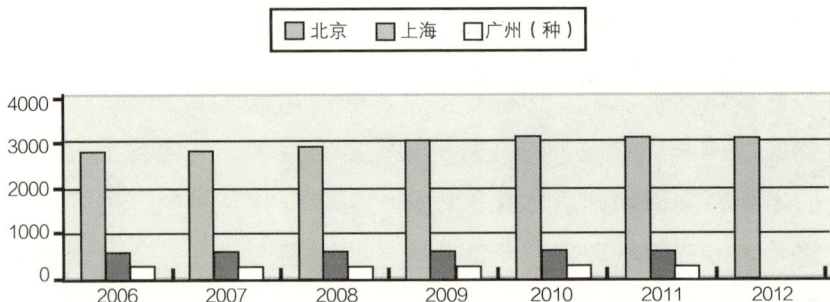

北京　上海　广州（种）

北京、上海、广州期刊总印数

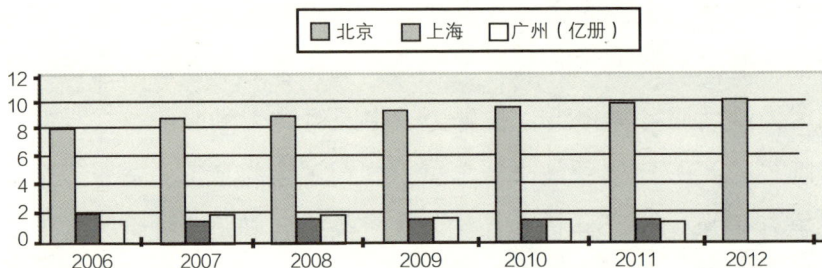

北京　上海　广州（亿册）

　　从种类来看，北京地区借助首都城市优势，集中了一大批国家级的刊物，2006—2012年期刊的种类数量较为稳定，维持在2800种以上，远远超出了上海和广州的总和。2012年北京地区期刊种类增加至2064种，创历史新高。在总印数方面，北京地区的优势也较为突出。2006—2012年北京地区期刊的总印数一直保持增长的态势，从2006年的8.29亿册，增长至2012年的10.31亿册，相反，上海、广州期刊杂志的总印数均呈现出下滑的趋势，2006年上海期刊总印数为1.83亿册，广州为1.83亿册，至2012年分别递减至1.82亿册和1.72亿册。北京与上海、广州在期刊印数层面的此长彼消，说明北京作为首都城市具有其他城市难以比拟的平台和影响力。

三、广播电视：平台和内容建设相对贫乏

广播电视以声音和图像向社会传递信息，由于在传播上跨越了空间的限制，具有及时性、广泛性等特点，使信息传播的广度和深度得到有效拓展。北京在充分利用广播影视进行信息传播和文化交流的同时，也面临着其他城市的挑战。

（一）广播：平台少，内容相对不足

广播是一种利用无线电波或导线传送声音的新闻传播工具。北京市历来重视广播在传递信息中的作用，不断加强广播平台和渠道建设。北京在广播平台建设和信息传输层面可以借助两大国家级广播电台的平台：中央人民广播电台、中国国际广播电台，具有其他城市不可得的首都优势。但在市属层面上，与上海、广州相比，北京并不占有比较优势。

北上广广播电台数量及节目套数

	广播台（座）			广播节目套数		
	北京	上海	广州	北京	上海	广州
2006	1	3	2	17	21	17
2007	1	3	2	17	21	16
2008	1	3	2	17	21	16
2009	1	3	2	18	21	16
2010	1	3	2	18	21	16
2011	1	3	2	18	21	17
2012	1	3	2	25	21	17

从数量上来说，截至目前，北京市共有市属广播台1座，上海3座、广州2座，在数量上北京不及广州和上海。但从影响力方面

来讲，北京则远远超过了广州与上海，这主要是借助了首都优势，拥有两大驻京的国家级的广播电台：中央人民广播电台、中国国际广播电台。中央人民广播电台、中国国际广播电台是国家级广播电台，覆盖面广，传播力强，具有全国性乃至于国际性影响。北京市属的广播电视媒体及影视传播机构，主要目标受众是北京地区的居民，传播范围也主要覆盖北京地区及其周边省市。

从节目制作方面来讲，北京与上海、广州两大城市相比优势并不突出。2012年北京广播节目第一次突破20套，在2006—2011年间制作广播节目维持在17—18套之间，这一数字与广州大体相当，但不及上海，上海在2006—2012年始终保持在21套。这一数字的差异，说明北京在利用广播电台传递文化信息层面仍有可进一步提升、拓展的空间。

（二）电视台：平台少，内容明显缺乏

电视台是通过电视或网络传播视频和音频同步资讯信息、播放电视节目的媒体机构。北京市自1979年5月成立北京电视台以来，经过几十年的发展，已经成为中国最具影响力和竞争力的主流媒体之一。

近年来，北京电视台充分结合北京发展实际，在与各省级电视台和央视的竞争中，不断优化频道结构，打造特色栏目，增强了自身的传播实力和市场竞争力。但是与上海、广州等城市相比，无论在数量还是节目套数方面，北京均呈现出较为明显的劣势。在数量上，北京与上海都有1座市级电视台，而广州有3座；在节目套数上，广州以绝对数量超出了北京和上海，2010年以来，广州在节目套数上已超过30套，而北京和上海均不足30套。这说明，北京电视台在节目内容设置方面创新力相对不足，与北京作为全国文化中心城市的地位不符，节目内容供给与庞大的人口数量需求不相协调。

这一点从全年电视剧播出的剧集数亦能得到证明。2008—2011年，北京电视台各年度播出电视剧均低于上海。2011年北京为0.05

万部，上海为0.13万部；2010年北京为0.08万部，上海为0.14万部；2009年北京为0.06万部，上海为0.21万部；2008年北京为0.05万部，上海为0.12万部。相差年份最大为2009年，上海比北京多出0.15万部。差别明显的主要原因，是由于北京作为国家首都城市要更多地承担主流意识形态构建、价值观念传播的重任，因此在电视节目娱乐化的进程中则表现得相对平缓，而上海作为我国国际化程度最高和最开放的城市，在利用电视平台传输等层面比北京相对超前。

2006—2012年北京与上海、广州电视发展对比

	电视台（座）			电视节目套数			全年电视剧播出部数（万部）	
	北京	上海	广州	北京	上海	广州	北京	上海
2006	1	1	3	25	25	25	–	–
2007	1	1	3	25	25	26	–	–
2008	1	1	3	24	25	26	0.05	0.12
2009	1	1	3	26	25	28	0.06	0.21
2010	1	1	3	26	25	33	0.08	0.14
2011	1	1	3	25	25	33	0.05	0.13
2012	1	1	3	26	25	33	–	–

四、其他广电传播机构：积极探索信息传播的新路径

网络信息技术的应用，促使一些信息传播机构积极与网络技术相结合。近年来，北京地区涌现出一批新旧结合的传媒机构。如成立于2005年的鼎视数字电视传媒公司由北京广播电视台、中央人民广播电台、天津电视台、山东广播电视台、安徽电视台共同投资，目前公司集成传输标清频道33套，高清频道5套，与196家有线数字电视网络运营商开展合作，极大地拓展了数字电视用户数的覆盖率。北京瑞特影音贸易公司是北京地区唯一从事境外卫星电视节目代理业务的机构，负责销售经批准的境外（包括香港、澳门）卫星电视节目及解码器，并代理销售HBO、CNN、STAR-MOVIES、

AXN、凤凰电影等33套亚太6号卫星平台上的境外加扰卫星电视节目。北京北广传媒城市电视有限公司则主要服务于楼宇与户外流动人群的户外电视媒体，共有楼宇终端1万个，已成为政府公共信息和城市应急预警信息发布平台。北京北广传媒地铁电视有限公司通过车厢和站台的电视终端为乘客提供电视节目服务，致力于打造政府公共信息、城市应急预警、乘客生活资讯和企业广告宣传四大平台。

第三节 北京数字新媒体传播现状

如今，媒体产业领域，传统的纸媒成为重灾区，广电媒体也承受着巨大的转型压力。不少传统老媒体黯然退出历史舞台或走下坡路，更多的是积极探索转型。传统媒体的新媒体转型需要全流程、全内容、全平台。同时，新老媒体是相对关系，没有移动性、社交性、智能性（数据、本地、个性）、金融支付性的媒体难称新媒体，也难以迸发新媒体的活力和竞争力。媒介格局的变迁中，各种新媒体凸显，搜索、网民的力量改变着社会，关注的力量正在扮演着推动社会变迁进程的动力源作用。

一、网络新媒体基础资源：居于全国领先水平

网络新媒体基础资源是网络新媒体传播得以实现的物质支撑。目前，从网络新媒体的基础资源来看，北京市居于全国领先水平。

	2010年	2011年	2012年
IPv4（万个）	6330	8459	8462
域名（万个）	154	106	126
CN域名（万个）	96	47	47
网站（万个）	28	38	40

IPv4地址总数近三年呈现出连续递增趋势，2010—2011年增长幅度较大，增长率达到33.6%，2012年继续保持增长态势，地址总数达到8462万个，增幅为18.9%，占全国IPv4地址总数的25.6%，在数量上位居全国第一。

域名是上网单位的名称，真实地记录了利用网络基础资源的情况。2011年随着网络媒体集中整治的开始，北京市域名开始大幅减少，从2010年的154万，减至106万，年增长率达到-31.2%，2012年北京市域名有所恢复，域名总数为126万个，占全国域名总数的9.4%，在数量上位居全国第三。北京市CN域名在近年也呈现出递减趋势，截至2012年底，北京市CN域名总数为47万个，占全国CN域名总数的6.3%，占北京市域名总数的37.6%。

网站是衡量一个城市网络基础资源是否发达的重要载体。2010—2012年的三年间，北京市网站数量呈现出上涨的趋势。2010年总数为28万个，2011年数量为38万个，2012年数量增长至40万个，占全国总数的14.9%，数量仅次于广东，居全国第二位。

目前北京地区互联网普及率已超70%，超出全国普及率20多个百分点，网民规模庞大，手机网络用户激增。[2]北京属地主要网络媒体有千龙、新浪、搜狐、网易、凤凰、百度、第一视频、tom、中华、和讯、天天在线、优酷及北青网等。大致可分为以下几类：综合门户网站、搜索引擎、传统媒体网站、网络视频、社区社交类网站、其他类型网站。

---

2 中国新闻网，《北京地区互联网普及率超70%手机网民激增》，2013-08-20。

北京属地主要网络新媒体

网站类型	网站名称	网址	网站名称	网址
综合门户网站	新浪	www.sina.com.cn	凤凰网	www.ifeng.com
	搜狐	www.sohu.com	网易	www.163.com
	中华网	www.china.com	北京都市网	www.010.cc
搜索引擎	百度	www.baidu.com	搜狗	www.sogou.com
	360搜索	www.so.com	搜搜	www.soso.com
	盘古	www.panguso.com	中搜	www.zhongsou.com
传统媒体网站	北京广播网	www.rbc.cn	北晨网	www.morningpost.com.cn
	BTV在线	www.btv.com.cn	竞网	www.thefirst.cn
	新京报网	www.bjnews.com.cn	法制晚报	www.fawan.com
	北青网	www.ynet.com	北京商报网	www.bbtnews.com.cn
	京华网	www.jinghua.cn	北京娱乐信报网	www.stardaily.com.cn
社区社交网站	人人网	www.renren.com	西祠胡同网	www.xici.net
	开心网	www.kaixin001.com	西陆网	www.xilu.com
	粉丝网	www.ifensi.com	博客网	www.bokee.com
	新浪微博	http：//weibo.com	移动微博	weibo.10086.cn
网络视频	优酷网	www.youku.com	酷6网	www.ku6.com
	第一视频	www.v1.cn	天天在线	www.116.com.cn

新浪、搜狐、网易等是北京乃至全国最有影响力的网络媒体。这些网络媒体都基本包含分频道的中文新闻和内容,丰富的社区和社交服务,以及基于搜索和目录服务的网络导航能力,能够帮助广大用户通过互联网和移动设备获得专业媒体和用户自生成的多媒体

内容并进行兴趣分享。

2013年11月，在国内搜索引擎市场上，百度优势十分明显，市场份额独占63.55%；360搜索次之，为21.84%；搜狗第三，占10.53%；而其余搜索引擎，市场份额均不足3%。其中，谷歌仅占1.66%，微软必应0.56%等。[3]

百度是全球最大的中文搜索引擎和最大中文网站，掌握世界尖端科学核心技术的中国高科技企业，也使中国成为美国、俄罗斯、和韩国之外，全球仅有的4个拥有搜索引擎核心技术的国家之一。目前，百度已经成为中国最具价值的品牌之一，英国《金融时报》将百度列为"中国十大世界级品牌"，成为这个榜单中最年轻的一家公司，也是唯一一家互联网公司。360搜索引擎和搜狗搜索是近年发展较快的中文搜索引擎。2013年11月，在国内搜索引擎市场上，360搜索份额增长涨幅最大，份额上涨近1%。而根据CNZZ最新数据，搜狗的搜索请求已位列行业第二。2011年三季度，搜狗单季营收破亿并首度盈利，成为中国本土第二个盈利的搜索引擎公司。[4]

视频类网站，根据艾瑞咨询(iResearch)2012年5月数据显示，在线视频用户覆盖率已达到96%，用户规模首次超越搜索服务跃居第一，继时长份额居首后又成为覆盖最多网民的网络服务，在线视频成为互联网第一大应用。根据EnfoDesk易观智库数据显示，2012年3季度优酷、爱奇艺、搜狐视频占据中国网络视频市场广告收入前三名位置，三家收入总和占市场份额的41.57%，而2012年中国网络视频市场广告收入为88.3亿元人民币。[5]

近几年博客活跃群体已由早期草根化向精英化转变，博客内容也由通俗化向专业化转变。北京地区有影响力的博客类网站有新浪

3 CNZZ：《中国网民使用的搜索引擎2013年11月分析报告》，http://data.cnzz.com。

4 搜狐网，http://corp.sohu.com/s2011/introduction。

5 数据来源：易观智库，http://www.enfodesk.com。

跨进全球信息传播时代

博客、搜狐博客、博客网、和讯博客、中华网博客，以及传统媒体网站开设的博客等。新浪博客，是新浪网的网络日志频道，是深受网民欢迎的供个人原创写作与用户分享浏览的交互平台。每天的访问量大约有350万人次。搜狐博客注册用户已达到1.4亿，活跃用户超过8000万。网易博客，截至2013年3月已拥有超过1.4亿注册用户，为中国网民提供了最优质的专业博客服务。2011年8月网易推出轻博客LOFTER，为用户提供了快速、漂亮、有趣的全新记录方式，已汇集数百万摄影、绘画、设计、写作、动漫、生活等各领域的记录用户，并持续保持高速增长，成为国内轻博客产品的第一品牌。

微博是近几年快速发展的新兴媒体。截至2013年6月底，我国微博网民规模为3.31亿人，较2012年底增长了2216万人，增长7.2%，网民中微博使用率达到了56.0%。[6]新浪微博、搜狐微博、网易微博作为我国微博的明星品牌，拥有大量的微博客注册用户。仅就北京市民而言，微博使用率从2011年底的52.5%，提升至2012年底的59%，用户规模不断扩大，且保持了快速的增长。

二、移动新媒体：业务类别发展迅速

移动新媒体包括手机新媒体和数字移动电视。手机新媒体包含内容众多，有手机报、手机电视广播、WAP网站、短（彩）信、彩铃、IVR（互动式语音应答）等多种形式。随着手机用户规模的迅速增长，在运营商和政府的合力推动下，手机上网资费下调，加上手机网络内容的丰富，手机上网时尚理念的普及，手机新媒体越来越受到业界的重视，也带动了相关内容产业的兴起。

（一）门户网站移动业务

新浪无线致力于帮助用户获取新闻和信息，下载手机铃声、游

---

6 中国互联网络信息中心（CNNIC），《第32次中国互联网络发展状况统计报告》，第36页。

戏和图片，参与约会和交友等社交活动。通过sina.com或手机下单用户即可获得新浪无线基于月付或按信息条数收费的服务。新浪门户网站和包括电视、广播在内的传统媒体，以及各省运营商都是新浪无线的促销或联合促销载体。新浪借助移动梦网和联通在线等移动运营系统，向终端用户提供无线增值服务并收取费用。新浪无线的业务涵盖三个主要领域：新闻和信息、社区以及多媒体下载。

新浪无线的业务

新闻和信息	社区	多媒体下载
头条新闻/财经新闻/科技新闻/体育新闻	游戏和测试	手机铃声
天气预报	教育产品	标识和图片
非常笑话		天气预报

新浪无线的主要产品线包括：短信，其中包括用户定制的付费信息、个人问候、用户定制的手机屏幕装饰、个性化铃声和移动游戏等；KJAVA，涵盖一系列运行于中国移动K-Java移动平台的服务，其中包括手机游戏、动画和视频、便携工具和新闻更新等。MMS，借助通用封包无线服务(GPRS)技术，MMS帮助用户下载彩色图片和复杂铃声，以及让每条信息传送更多的数据。IVR（互动语音应答），包括天气预报和数据搜索，还提供交互游戏和专业产品领域的应用程序。个性化回铃音业务（CRBT）；WAP服务，借助GPRS技术为用户提供新闻和其他专门信息、多媒体下载、聚会和社区服务，以及移动搜索服务。

新浪新闻是新浪网官方出品的新闻客户端，用户可以第一时间获取新浪网提供的高品质的全球资讯新闻，随时随地享受专业的资讯服务。2013年4月26日，掌中新浪正式改名为新浪新闻，发布v3.2版，覆盖主流IOS，Android等平台，融入了社交化元素，将新浪微博与新浪网打通，满足了用户对社交化的需求。新浪新闻客户

端改版发布仅半个月用户量突破4200万，跻身第一阵营，日均活跃用户超过20%，留存率达82%。

搜狐无线在移动互联网方面为用户带来丰富多彩的移动互联网生活。除了手机搜狐网、app.sohu.com等产品外，搜狐无线还提供短信、彩信、语音、音乐、WAP、手机等服务。同时，搜狐新闻、搜狐视频、搜狐微博、搜狗输入法等无线客户端产品也已全面覆盖安卓和IOS平台。搜狐新闻客户端是搜狐公司出品的一款为智能手机用户量身打造的"订阅平台+实时新闻"阅读应用，是全国首个提供个性化阅读服务的新闻客户端。通过将优质媒体资源聚合成适合方寸之间阅读的图文报纸并定时推送，让智能手机用户随时随地"搜狐新闻先知道"。搜狐新闻是国内排名第一的新闻客户端，截至2013年11月，搜狐新闻客户端总装机激活用户突破1.6亿，成为国内首个用户数过亿的新闻客户端。搜狐新闻客户端订阅平台总订阅量过6亿，订阅媒体和自媒体2000多家，其中《央视新闻》《参考消息》等媒体刊物超过千万订阅量，是中国最大的免费移动新媒体发行平台。在2012年底作为唯一新闻类APP，入选APP STORE2012年度精选榜单免费TOP100。

网易的易信，是由网易和中国电信共同推出的一款移动IM产品，2013年8月推出。易信凭借高清语音、免费短信、免费电话留言、三网流量赠送、海量贴图表情等特色，易信成为时下非常受欢迎的沟通工具。发布当日下载数过百万，截至2013年10月31日，易信注册用户突破3000万，已成为国内移动IM市场的重要组成。易信对推进网易的移动互联网战略起到了重要作用，同时网易也在其他门户产品中继续培养忠实用户群体。截止到2013年9月30日，网易邮箱用户超过5.9亿，网易新闻客户端安装量达1.65亿。

（二）北广传媒移动电视

北京北广传媒移动电视是以公交车载电视终端为平台的户外电

视媒体，依托数字电视单频网为公交出行人群提供实时资讯服务。目前，拥有电视终端24000个，日均覆盖受众超过1300万人次。根据央视市场研究股份有限公司(CTR)的监控数据，北广传媒移动电视接收终端运行状态稳定，全年平均合格率达97.03%。

北广传媒移动电视是北京地区唯一一家运营地面移动数字电视的机构，由北广传媒集团有限公司、北京电视产业发展集团、北京歌华传播中心有限公司、北京广播公司、北京歌华有线电视网络股份有限公司五方共同出资组建，建立了全面覆盖北京六环以内地区的地面数字电视单频网。依托地面数字电视单频网，北广传媒移动电视成功搭建了公交电视、出租电视、社会车辆电视等业务平台，发挥城市服务媒体、应急媒体、交通媒体优势，成为首都超级户外电视新媒体。

（三）北京中广传播有限公司

北京中广传播有限公司是中广传播有限公司、北京北广传媒投资发展中心、北京人民广播电台和北京电视台4方共同出资组建，主要承担我国移动多媒体广播电视项目（CMMB）在北京地区的建设和运营。采用我国移动多媒体广播（CMMB）技术，通过多媒体广播覆盖网在北京向手机、PDA、MP4、车载电视、笔记本电脑等各类小屏幕接收终端提供高质量的广播电视节目和数据增值服务。现已开播7个电视频道，其中"晴彩北京"频道为北京地区首个自办综合性频道。中广传播有限公司北京地区单向终端用户约60万户，双向终端用户23万户，北京地区CMMB单频网大功率发射站点共18个，已完成六环内绝大部分地区信号覆盖，五环以内已有9个发射基站，网络覆盖达到95%。

（四）其他移动媒体

千龙网凭借强大的业务及技术力量完成了无线增值服务领域全平台建设，业务涉及中国移动短信、WAP、彩信、PDA及中国联通

短信、彩e、WAP等众多应用。

乐视网手机电视，支持在线观看、下载观看多种模式；支持数字版权保护技术。含手机电视平台合作运营、3G手机电视wap网、手机电视节目内容运营等产品业务。

巴士在线是中国领先的新媒体及移动互联网公司，2003年创建于江西南昌，在北京设有业务总部。巴士在线拥有中国最大的公交移动WiFi和公交移动电视网络，通过自有的发明专利技术和中国22个主要城市的公交开展合作，在公交车内安装车载移动WiFi热点和移动电视播放系统，每天向近1亿用户提供媒体和移动互联网服务。

《劳动手机报》是2011年4月8日由北京市总工会批准，委托劳动午报社创办的新型电子媒体。劳动手机报主要依托手机媒介，由报纸、移动通信商和网络运营商联手搭建的信息传播平台，是报社力创的新型电子传媒。

第四节 北京信息传播的发展优势

北京作为首都和全国的政治、文化中心，是我国文化综合实力、网络文化发展领先的城市，聚集着众多重要的传统媒体单位，同时也是重要新兴媒体的总部及策源地。北京建设文化信息传播中心具有天然优势和发展基础。

全球游览量排名前500名的网站中，北京属地网站有34家上榜，据中国互联网实验室发布的中国最具人气的百强中文网站排名中，北京有51家。中央人民政府和北京市政府门户网站、新华网、人民网等国家级重点新闻网站，新浪、搜狐等全国重点商业网站，新浪微博、西陆、西祠胡同等论坛网站，百度、中搜等主要搜索引擎，优酷、土豆等视频网站等互联网网站巨头的总部集聚北京。北京的信息文化不仅辐射全国，同时也对世界产生着巨大影响。

一、深厚的历史积淀和科技领先优势

北京是享誉世界的历史文化名城，有着三千年建城史、八百年建都史，自辽金以来，即为历代的政治文化中心，新中国成立后，这里布局了众多重量级文化机构，汇聚了无数文化文艺人才；改革开放30余年，这里崛起了一大批文化企业，孕育出众多新兴文化业态。作为全国文化中心，在文化大发展大繁荣的全国格局中，北京市提出，实施思想道德引领战略，实施文化创新、科技创新"双轮驱动"战略，在文化领域推动实施九大工程，打造中国特色社会主义先进文化之都，建设具有世界影响力的文化中心城市。科技创新和文化创新"双轮驱动"是北京的发展战略。在北京的文化产业浪潮中，文化和高科技的融合不断更新原有产业格局、形成新的业态：以数字技术、互联网技术和移动传播技术为基础的新媒体，为用户提供咨询、内容和服务，形成了整合多种行业的新兴文化创意业态。文化越来越成为民族凝聚力和创造力的重要源泉，越来越成为综合国力竞争的重要因素。中国在经济起飞之后，还需要有文化的繁荣。如果未来中国在科学文化方面依旧重复以往学习和模仿西方的道路，国民就难以继续保持精神上的凝聚力、亲和力和向心力。

二、互联网技术发展领先全国

北京始终在全国保持互联网应用与发展的领先地位。2012年3月，北京市政府发布《智慧北京行动纲要》，《纲要》提出，实施"智慧北京行动"，用新一代信息技术引领城市发展方式变革，实现城市跨越式发展目标。北京把"智慧城市"提升到首都信息发展新形态的高度，并把它作为未来10年北京信息化发展的主题。既大力建成泛在、融合、智能、可信的信息基础设施，基本实现人口精准管理、交通智能监管、资源科学调配、安全切实保障的城市运行

管理体系，基本建成覆盖城乡居民、伴随市民一生的集成化、个性化、人性化的数字生活环境，使北京的信息化整体发展达到世界一流水平，实现信息化与城市经济社会各方面深度融合的发展态势，完成"数字北京"向"智慧北京"的转换和提升。"智慧北京"体现了信息化北京建设全方位推进，包括信息基础设施提升行动计划、市民数字生活行动计划、政府整合服务行动计划、智慧共用平台建设行动等八大计容消费、网络应用和信息服务等方面为首都网民提供了良好快捷的条件，夯实了首都网络文明建设的基础，有效提高了网民在数字多媒体，进一步加快文化资源的数字化进程、建设"无线城市"，开展新一代宽带无线网络试点，建设城乡一体的高性能光纤网络、推进"三网融合"、加快建设和公共服务高清视频传输网络、完善政务云计划和物联网应用支撑等。为实施《智慧北京行动纲要》，2012年，北京市政府制定《关于实施北京市光纤宽带普及提速工程的意见》明确了信息化建设任务。网络基础环境建设以及覆盖率的提高，改善了北京网络信息技术条件和网络文化环境。在网络信息接收与传播、网络内容生产、网络信息传播、网络文化建设方面的主动性、参与性、便利性，同时催生了播客、闪客、晒客等多种具有鲜明新型媒体特色的网络信息类型和网络文化形态。尤其是随着近年来移动互联网和3G乃至4G时代的快速发展，更加促进了移动媒体与电视网络的聚变，产生和形成了更为快捷且无处不在的移动文化。掌上阅读、手机新闻、微博、掌上社交、手机视频、手机购物等一系列移动互联网形态，已经成为首都互联网发展中新的热点现象，新型多样的网络文化新形态，既丰富了网民的信息渠道和网络文化生活，同时也体现了更加复杂多样的网络文化心理和网络文明形态，从而对首都网络文明建设和网络文明引导提出了更高的要求。

三、互联网产业群已经形成

北京的互联网文化企业数量多、规模大，且分布领域广，是全国网络文化企业集中的城市，并形成了许多著名的网络骨干企业。这些企业，无论在网络内容生产，还是在网络文化服务上都具有多样性和丰富性，它们涵盖门户网站、网络新闻、网络出版、网络娱乐以及网络互动等方面，为首都和全国群众提供丰富的网络文化信息产品与网络文化成果。就经营性互联网文化单位数量而言，文化部每年审批备案的北京经营性互联网文化单位，从2006年的20家增加到2011年审批备案的300家，在数量上呈现逐年稳步上升的态势。就经营业务内容而言，涵盖了网络游戏、网络音乐娱乐、网络动漫等较为典型的网络文化领域，同时渗透到网络演出、网络艺术品、网络虚拟货币发行、互联网文化产品展览和比赛等更新型的网络业态。据2012年对上市互联网企业的初步统计，北京拥有超过4000亿元的市值，总的市值以及分布领域的广度与国内同为网络文化产业重镇的上海、深圳、杭州等城市相比，都有较大优势。截至2012年8月，北京共有21家上市互联网企业，上海为11家，深圳和广州分别为3家和1家。在各种综合性的、专业性的网站分布上，北京拥有一大批具有较高知识水平和文化含量的重要专门网站，例如豆瓣网、互动百科等，这些专门网站体现了首都网络互联网产业的文化内涵和文化维度。

四、政策优势突出

北京作为全国的政治文化中心，互联网的发展远超于区域本身的局限性，北京作为中国互联网的核心为整个互联网产业提供相应的服务和资源，总体上呈现出发展速度快，资源力量大、产业环境好的特点，特别是北京作为文化中心的作用，能够为互联网提供上

跨进全球信息传播时代

游的内容和文化产品，通过数字出版、互联网游戏、动漫娱乐服务等方式更加丰富多元，形成了关联产业的联动发展态势，具有其他地区无法比拟的发展优势。

北京集中着数十家以北京为总部的互联网上市企业，由于种种原因依托高科技的互联网能够在北京得到相应的产业环境支撑和人才资源，因此使得北京互联网具备其他区域不具备的产业集中优势。优秀的企业为北京互联网发展提供了良好的动力，也使得互联网人才产生积聚优势，而且北京的企业通过产学研学一体化的方式能够与学术界产生良好的生态互动并解决地方就业的问题，使得企业的竞争力也大大增强，并得到相应的政策支持。

区域经济发展优势表现在，北京作为全国的政治经济及文化中心，信息传播及影响力远大于区域本身的局限性，而是作为中国信息传播的核心为多元化的信息传媒业提供相应的服务和资源，总体上呈现出发展速度快，资源力量大、产业环境好的特点，特别是北京作为文化中心的作用，能够为多元化的信息传播、制作提供上游的内容和文化产品，通过数字出版，互联网游戏、动漫娱乐服务等方式使得新媒体服务更加丰富多元，形成了关联产业的连动发展态势。

政策支持优势表现在，北京市政府对互联网相关企业在政策上大力支持和北京作为首都的独特地位，使得北京的互联网企业在发展过程中能享受到更优厚的创业待遇和更广阔的发展空间。以中关村"1+6"政策为例，该政策是国务院推动中关村国家自主创新示范区体制机制创新的重要举措，工作具体实施情况由市科委牵头推进。在"1+6"政策中，"1"是指搭建于一个首都创新资源平台，已于2011年挂牌运行，对创新人才和企业服务采取特事特办，全力支持科技创新；"6"是支持中关村深化实施先行先试改革6条政策，包括：股权激励、税收优惠、中央级事业单位科技成果处置权和收益权改革、高新技术企业认定、科研经费管理改革、建设全国场外交易市场等。北京在互联网政策研究方面具有以下特征：

一是政策创新和平台服务为基础。政府致力于改善产业环境、根据互联网企业创新驱动的特征，集中建设具有国际影响力的新兴媒体养殖业集聚地，以建立创业园区、引进外来企业等方式为主要表现。

二是以产学研结构合作机制成为核心、国际化标准引进成为重头戏。北京具有其他各地不具备的产学研优势，使得北京能够提供业界发展的独特的人才资源及研究资源，也使北京在创新发展上能够占得先机，而北京作为国际化城市，可以方便引进国际化标准。

三是产业集群特征明显，上下游企业形成产业链聚集。在开放的互联网生态下，围绕大型新兴媒体企业的中小企业逐渐形成产业集群的特征。

作为信息传播中心的北京，具有得天独厚的优势，既有产业的大型企业的优势竞争力，又具备多元化的人才资源，而且政府在信息传播上也提供了良好的政策，使得行业发展远快于其他地域，因此北京在信息传播领域的发展具有几大优势，即区域经济优势、企业竞争力优势、政策支持优势、多元化人才优势。

第二章
全球传播格局中北京文化信息传播
的地位比较与特点

北京集中了全国的媒介资源优势，成为全国信息传播的高地。作为国家首都，北京传媒与信息传播不能局限于"北京"这一地理区域，应该具有更深广的涵纳性与影响力。深厚历史文化底蕴与区位优势为北京带来政治、经济、文化等多方面的优越条件与丰富资源，这些"得天独厚"的因素使北京文化传媒业的发展形成了独具特色的文化体系，北京媒介文化信息资源与文化信息传播的地位与辐射力独领风骚，在文化信息传播的政策与制度、媒介传播行业发展、受众构成、广告市场等方面都具有其独有的优势与特点。

从北京文化信息传播的整体环境来看，政策与制度环境、产业结构与发展、媒介信息资源环境、传播渠道以及受众的多元构成等在现实生活中不断发展和变化，文化信息传播对社会与个体的作用与影响也随之发生变化，这种媒介文化信息传播系统的变化最终对人们的接受方式、认知模式、工作与生活习惯产生深远影响。站在全局高度，从国内外整体文化传播环境中来分析北京发展文化信息传播的优势与定位，对推动北京文化信息

传播健康协调发展有重要现实意义。

第一节 北京在我国文化信息传播格局中的地位比较

北京是政府信息传播的高地。政府机构是媒介信息的重要权威来源，就这一点来说，北京是全国政府机构信息、政策资源最为密集的地方。北京作为政治中心，具有从部委办到局处科这样有着明确层次与构成完备的行政体系，并且与国际化接轨最为便利，因此是各种政策信息、权威信息、文化触角反应最快和最敏锐的城市。从既往发展历史来看，我国新闻传播业政策的出台和实施，最初效果显现以及受传市场的反应变化都可以在北京首先看到，北京在媒介文化信息传播方面有着举足轻重的地位和敏锐的影响传递效应。

从全国范围来看，除了首都北京，在文化信息传播上具有全局或区域影响力还包括广东、上海、湖南等省市，传播竞争力走出了自己独特的发展路径，某些方面具有较强实力。而北京因独特地缘资源具有综合优势，应该在把握全局基础上，整合各方文化信息资源，集聚力量，坚定地大力发展文化信息传播。

一、广东：中国华南传播重镇

以广州、深圳传媒业为代表的广东是我国最具有竞争力的区域传媒市场之一。多年来，广东文化传媒产业从业人数和增加值均居全国各省区之首，1996年广州日报报业集团成为我国第一家报业集团，也是全国版面规模最大、经济规模最大、经济效益最好的报业集团。随后成立的南方报业集团、羊城报业集团等多家报业集团，成为中国传媒华南版块的主力军。报纸的种类、印数、总收入、报刊进口销售总额等主要指标均名列全国第一。广东广播影视稳步增长的总资产、净资产曾经连续四年位居全国第一。广东传媒产业是较早形成竞争有序的市场环境的省区。从2004年开始，广东加大力度充分整合传媒资源，着手优势互补和联合经营，实现资源共享，签署省内广电媒介联合发展协议，并成立南方广播影视传媒集团，形成区域联合力量参与全国传媒市场竞争，并且积极向境外媒体学习先进的传播经验，在不长的时间内，广东文化信息传播市场的主要竞争对手受众市场份额降幅达6成多，广东省本地的南方传媒集团则以1/5强的增幅速度实现了跨越式增长，最终获得广东地区将近7成的市场份额，迅而成为珠江三角洲一带广电传媒市场的主导性力量。[1]

2004年，广东深圳确立"文化立市"战略，进一步推动深圳建设一批在国内外有影响力的文化产业聚集区，活跃深圳文化市场，催生有品质的文化活动与文化精品。深圳大芬村更以占据将近一半世界油画市场的成绩成为名副其实的世界油画生产基地。世界之窗、欢乐谷、民俗文化村等文化产业片区在全国成为知名的文化产业典范。在深圳举办的中国国际文化产业博览交易会也已成为具有国际品牌影响力的活动盛会。深圳动漫企业在动画制作上已可以与世界水平媲美。但是，与发达国家以及上海、北京的文化产业发展情况相比较，深圳文化产业的发展规模和水平还具有局限性。虽然深圳传媒产业的发展速度与经济效益都处于全国前列，深圳电视台在省级电视台广告收入排名中曾排名第一，深圳报业集团的广告营业收入也曾在全国报纸媒介中拔得头筹，但是总体而言，虽然深圳传媒业在经济效益上取得了佳绩，地处内地与香港及海外的桥梁地带，然而社会影响力与社会认同度却相对较弱，缺少更为明确的定位与特色，文化传播效力与传播影响力，与北京等地相比还存在较大差距。

但与文化信息传播关联密切的高科技产业优势也为深圳深度开

跨进全球信息传播时代

发传媒文化提供了有利条件。多年以来，深圳高新技术产业快速增长，开发了众多拥有自主知识产权的高新技术产品，电子信息产业规模居全国大中城市首位，也培育催生了腾讯这样的高科技网络公司。2005年，深圳成为全国第一个使用集广电网、电信网和因特网三网合一的多媒体网络应用平台技术的城市。2007年，国家广电总局确定深圳为全国广电系统唯一的新技术新业务综合试点单位。[2]应该说，深圳文化信息传播发展具备雄厚的高新技术和网络平台基础，加快传媒产业与高新技术产业的结合推动深圳文化产业向更高层次转型在科技上具有领先优势。

总之，广东文化信息传播的特色主要体现在传媒业经营和传播内容上，其独具南粤地域特色的传媒商业文化逐渐被推广到全国范围，从而在国内形成较大的影响力，更有以广州、深圳为代表的珠三角区域成为国内文化潮流的主要引领者。尤其是广州报业人敢为天下先，在经营创新、组建传媒业集团、自办发行、传统媒体转型等方面一直走在全国传媒业的前列，成绩令人瞩目。在文化信息传播内容方面，充分体现了粤派文化特色，丰富了我国文化传播的信息产品内容，并在与港台文化的交流碰撞中形成了重视娱乐、重视受众需求的风格，获得了良好的市场成绩。同时，广东求新求变的文化心理反映在传媒时评内容上，表现为尖锐、开放、自由，多家媒体因此在全国传媒舆论影响力方面树立了不俗的口碑。而近年来，广东开始注重将文化信息传播与高新技术结合，不断谋求创新发展。开放的意识，开阔的视野，市场化取向，传媒职业精神的坚守，都成为广东为代表的南方传媒整体精神的重要特征。

---

2 李明伟：《深圳传媒业的发展与文化产业链的构建》，《深圳大学学报》（人文社科版），2007年第5期。

二、上海：中国华东传播中心

上海是将中国与世界相连的窗口，因为地理特点的原因比国内其他地区更早地接触海外文化信息，相对于内陆城市而言思想观念比较开放，具有一定的口岸效应，是国际化大都市，也是我国的经济中心。自改革开放以来，上海新闻传播业一直在国内处于领先地位，拥有传媒业著名品牌与知名人才，在业界成绩突出，具有雄厚的文化资本。上海的传媒广告占GDP比重、千人日报拥有量都在全国处于前列地位，上海传媒产业规模和实力增长显著，取得了长足发展。在全国文化传媒产业格局中，上海是与北京、广东鼎足而立的三大发展增长极，具有很强经营实力。

上海大力推动传媒业集团化发展，拥有在全国具有影响力乃至在国际华语传媒界具有知名度的文汇新民联合报业集团、上海世纪出版集团、上海电影集团、上海文广新闻传媒集团等传媒集团公司。上海文化传媒业发展的突出之处是经营实力强，广告经营收入位居全国省级行政区前列，上海东方明珠股份有限公司是我国第一家上市的传媒行业股份有限公司，1994年就在上海证券交易所上市，经过资产重组的解放日报报业集团2007年作为上市公司新华传媒第一大股东进入资本市场，其他传媒企业集团也陆续或积极酝酿进入资本市场；具有较强的跨区域合作能力，上海文广新闻传媒集团与广州日报报业集团、北京青年报社跨区域成功创办了《第一财经日报》；上海在发展文化传媒产业方面创新意识较强，是改革开放后最早受理传媒广告业务的地方，也是全国最先发展新媒体的地区，其引进开发的网络游戏产品在国内拥有大量拥趸。[3]

然而，与世界性著名大都市相比，上海文化传媒产业发展仍然存在差距，特别是上海需加强拓展海外传媒产业发展的市场化运作

---

3 张国良、支庭荣：《上海与国内其他大城市传媒产业竞争力比较》，《科学发展》，2009年第6期。

跨进全球信息传播时代

能力。从现实情况来看，上海文化贸易进出口仍存在落差，尽管上海拥有大量的对外项目与对外贸易总量，但是还有一定的文化贸易逆差，跨文化传播与文化产品"走出去"工作依然任重道远。客观讲，上海文化传媒产业的发展与其城市经济地位不是完全匹配，上海传媒产业在其附近吴方言文化区域内有较强的影响力，在本地市场拥有绝对的支配力和受众市场的支持，但文化信息传播的全国辐射力比较有限，对其他地域市场的开发能力比较薄弱，仅有东方卫视、《第一财经日报》等少数媒体在全国范围内具有知名度。上海文化传媒产业内容生产能力与创造力还有进一步提高的空间，在影视剧生产、影视文化营销创新以及影视创作活力方面尚有不足。此外，上海传媒产业的增长缺少自主创新的动力，主要依靠GDP的驱动而实现产业增长，上海文化传媒产业从外地市场获得利润收入有限，无论是对国内市场还是对国际市场的开拓力度都还不够，以海派文化为特色的上海文化信息传播在全国没有形成强势的传播效果。

上海在文化信息传播方面的独有优势是有较高的对外开放度和密切的国际联系，对数字媒介技术的应用水平在国内处于领先地位，建立了完善的公共传媒服务体系，上海人民的文化传媒产品消费水平比较高，拥有很大的文化传媒市场空间，文化信息传播业还有很大的发展潜力。从对文化基础设施的投资上来说，上海自20世纪90年代以来年均投资都超过10亿元人民币，建设了领先国内、具有国际一流品质的上海大剧院、上海国际会议中心、上海博物馆、新上海博览中心等文化基础设施，打造了知名的上海国际电影节、上海电视节等国际会展品牌。

三、湖南：异军突起的"湘军"传媒

近年来，传媒"湘军"突起，文化旋风影响全国。湖南卫视以"快乐中国"收视率排名仅次于央视一套位居第二。据统计，

2010年湖南广播电视台经营收入达到103亿元，广告增幅30%以上，达到15亿元。湖南中南出版传媒集团一跃成为国内出版界的新龙头，集书、报、刊、网络、电子、音像、移动媒体等于一体，重磅上市，市值突破248亿元；红网被评为"中国最具影响力新闻网站""中国十大创新传媒"。[4]湖南思想开放，以国际战略眼光发展文化传媒产业，取得众多显赫的成绩。湖南广播电视台的发展思路是"大广播、大电视、大宣传、大产业"，走在全国广播电视事业的前沿，将湖南卫视明确定位为打造"中国最具活力的电视娱乐品牌"，以制播娱乐类节目作为核心竞争力。

湖南发展文化传媒产业重视利用全球文化优质资源，联手世界顶尖文化传媒，屡获佳绩，成功开拓美国、欧洲、澳大利亚及东南亚等市场，赢得了一定海外市场。2009年湖南卫视国际频道在香港落地开播，实现了对130万香港有线电视及IPTV用户的覆盖播出，国际用户数达到280万户。"超级女声""快乐男生"等大型选秀节目在海外传媒市场产生了重大影响，促进了影视版权贸易快速增长，并在内地首开电视节目模式外销先河。中南出版集团海外图书展销活动声势强大，平均每年向海外推介20个以上销售书目种类，成功地面向美、英、法等国家输出图书版权，并在欧洲、美国设立了海外工作站，与美国、英国、法国、俄罗斯、日本等100多个国家和地区出版机构建立了贸易关系。

"传媒湘军"的成功实践，在多个方面都形成了自己的突出特点特色。一是从全国文化传媒产业发展来看，创新是湖南文化传媒产业的突出特点，他们在文化传播理念、内容、平台乃至体制机制、业态等方面大胆创新。例如，中南出版传媒集团大胆创新，努力打造"多介质、全流程"的核心优势，在业态构造上突破了国内出版企业的局限，看齐国际著名传媒集团，并形成从印刷、出版到

---

4 夏玉兰：《文化传媒"湘军现象"》，《群众》，2011年第2期。

发行以及报刊、网络、新媒体等在内完整的出版传媒产业链，赢得可观经济效益，在全国业界打响了知名度。二是湖南文化传媒重视整合内部资源、横向跨界合作，通过互动竞合，打造全媒体平台，形成以报刊、网络等主力媒介作为传播框架，其他各种媒介作为互补的全媒体新格局。湖南日报集团凭借这样的平台在短时间内迅速提高了综合影响力，获得了丰厚利润收益。资源整合策略使得传统媒体与新媒体互取优长，提高了整体的传播实力。三是尊重市场规律，发掘我国传媒管理体制的运作活力和最大效能。湖南广播电视台与湖南芒果国际传媒有限公司成立"芒果传媒"，将分散的传媒集团与媒介机构整合为一体，按照"管办分开、政企分开"的原则，实行湖南省广播电视局为行政管理主体、湖南广播电视台为事业运行主体、芒果传媒为产业运作主体的架构组成新体系，成为一个实现了资本对接与资源共享的整合平台，盘活了信息资源、广告资源、发行资源和人力资源，并吸纳各种社会资源共同融入到整个文化传媒业的发展中，形成互补、互动、互利的整体产业结构，成功地开拓了市场，向"全媒体产业链"构想迈出了坚实步伐。

湖南文化传媒产业迅猛发展的经验表明，优化产业结构，规范运营管理，建立面向市场的商业运作模式，创新思路，向国际传媒产业业态构成与运营借鉴成功经验，把握商机整合资源，适时扩大传媒业的规模，提升传媒文化传播与输出的整体实力，从而不断开拓国内外更大的市场空间。

第二节 北京在国际文化信息传播格局中的地位比较

从全球文化信息传播格局来看，纽约、伦敦、巴黎和东京是几支比较突出的传播力量，在国际社会有较大的影响力与辐射力，并且发展了具有自身特色的文化国际传播路径。从与这些国际化大都市在文化传播领域的审视和比较中，可以反观北京的优长与短板，走出既借鉴国际传播的先进经验又能结合具体实际、体现自身传播特色的北京文化信息传播之路。

一、纽约：国际化多元文化艺术传播中心

纽约是世界的金融中心，在商业和经济方面发挥了极为重要的全球影响力，并引领全球的传媒、文化、艺术、娱乐与时尚界，纽约在全球文化、艺术、音乐和出版业中占有中心位置，在世界文化市场上享有盛名，集聚了全球著名传媒机构，并将纽约文化传播到世界各地。

纽约具有完善的文化产业体系与文化对外贸易市场体系，是纽约文化产品输出国外的重要保障。城市文化的国际影响力往往依赖城市经济发展，纽约在经济层面成为世界中心之后加速了它作为世界文化中心的形成，并且纽约在文化传媒产业方面独具资源优势而成为"世界媒体之都"。在国际体系里，纽约借助世界金融中心与经济优势，推动文化产品的国际营销策略，进而形成全球性的文化输出体系，并在这个文化体系中，形成文化经济与金融经济的良性循环，为文化输出奠定了更加强大的经济基础。

纽约是名副其实的全球媒体资本中心，全球十大著名媒体公司中，有五个公司总部设在纽约，它们是时代华纳公司、哥伦比亚广播公司、二十一世纪福克斯公司、美国新闻集团和维亚康姆公司，远远超过世界其他任何城市。据统计，作为世界媒体之都，纽约现在有几十万人从事于媒体行业，在私人行业雇佣人数中约占到1成，每年创收有几百亿美元。在全美杂志、书籍、广播电视的市场份额中，纽约文化传媒业占据了一半，全美国报纸和有线电视收入的1/4由纽约创造。目前纽约传统媒体的发展速度减慢，每年增幅大约1%，但是新媒体业务包括网上游戏、社交网站、无线娱乐等创造的

收入在近年以每年35%的速度增加。[5]纽约集聚了世界最发达的传媒机构，传播面覆盖全球，能使用100多种文字面向世界100多个国家和地区进行昼夜传播，《纽约时报》是世界各国政府部门、学术界等必订报刊，在世界范围内的受众面极广，而美国文化也凭借先进的媒介技术与强势的传播效果占据了八成网上信息资源，因特网成为美国大规模文化产品输出的重要阵地，随着大众文化产品与相关文化附加品的出口，负载于大众文化产品上的价值观念也随之行销到世界各地，并对人们产生潜移默化的影响。

　　文化创意产业是美国纽约文化传播与文化贸易的重要组成部分。纽约的文化创意产业发展较早，随着文化创意产业的发展和规模的不断扩大，纽约城市经济发展也获得了巨大推动力，经济实力的增长又推动了纽约城市文化在世界体系中的崛起，增强了城市的文化软实力，使纽约成为世界文化艺术的生产与传播中心。电影电视、广告、音乐、视觉艺术、表演艺术、广播、出版、建筑和设计是纽约文化创意产业部门的九大核心产业。这些文化创意产业核心部门大多数是私营或者个体自主创业，因此通过创新在竞争环境中求得生存与发展成为其主要特点，这些创意产业部门也因此成为纽约经济增长最快的元素，成为美国创意经济核心与促进经济增长最重要的领域之一。纽约影视音乐等音像制品的主要出口市场是欧洲，欧洲占美国音像制品出口总额一半以上。随着全球化的发展，纽约文化输出不再局限在欧美，逐渐向全球扩展，影视、音乐、书籍、网络游戏等大众文化产品作为美国最大出口物资，流向全球市场，并将这些文化产品加以一定的本土化，以迎合受众国家和地区的市场需求。

　　在市场经济发展模式下，纽约文化产业形成规模进而走向国际

---

5 郭敏：《媒体新观察：纽约媒体振兴方案》，经济观察网，2009.9.17。

化，比如百老汇模式就是美国艺术演出产业市场运作的一个典型代表，是纽约文化传播与推广的特色经验。百老汇汇聚了众多现代影剧院，吸引世界各地的游客到此观看戏剧演出、了解美国文化。百老汇剧院是营利性剧院，是百老汇的核心，与此同时，又有外百老汇剧院和外外百老汇剧院等其他剧院，属于规模较小的非营利性剧院，享受政府的财政补贴，主要是为戏剧工作者进行创新性低成本的戏剧实验提供演出机会，以培育新戏剧的创作和发现新的艺术人才，从而满足不同市场受众人群的多元需求。百老汇艺术演出产业多元投资模式对文化市场发挥着重要的作用，促使多元文化产品大量产生，满足纽约当地以及世界各地不同消费者的需求，使其文化艺术传播具有更强的辐射力与吸引力。

纽约在文化输出过程中，还重视具有更高流行度的大众文化的输出，特别是时尚产业就是一个典范。纽约在本地多元化基础上，生产出承载着美国价值观主题的各种大众文化产品，通过纽约传媒业面向世界进行文化宣传。纽约在对外文化传播与文化产品输出的过程中，形成了以纽约为中心辐射周边城市的文化产品生产与制造区域，带动了文化产业集群发展，包括艺术展览、各类表演等在内的文化产业势态良好，并同时在产业链中下游，生产相关文化产品进入消费者的视野，进一步扩大纽约文化传播力与影响力。

二、伦敦：文化创意产业推动文化传播

英国首都伦敦文化传播与国际输出主要依赖于伦敦文化创意产业的繁荣和创意城市的建设。伦敦的文化资源是英国的宝贵财富与重要经济资产。英国是世界上博物馆密度最大的国家，伦敦拥有200多个博物馆以及众多文化设施，伦敦平均每天举办的艺术活动有200多场，伦敦市内拥有大量世界文化遗产，顶尖文化艺术人才汇聚伦敦。据统计，伦敦文化产业年产值约为29万亿英镑，能提供

250万个就业岗位。因为文化的吸引，来伦敦旅游的国际游客比例占到5成以上，伦敦由此也成为著名的国际旅游城市。可以说，对于世界文化名城伦敦来说，文化是它的脉搏，文化与文化产业推动着伦敦社会和经济等其他方面的发展。在新的国际形势下，伦敦文化巨大的国际传播力、影响力与吸引力是如何形成与保持的？我们可以从伦敦文化创意产业的发展战略上找到可资借鉴的做法。

伦敦市政府出台文化发展战略，打造"创意伦敦"。伦敦市政府很重视各文化机构之间以及文化机构与非文化机构之间的协调合作。伦敦市长的职责之一便是协调从国家到伦敦市各个涉及文化发展的部门与机构之间的合作，保证它们之间相互配合，形成合力，共同致力于发展伦敦文化。2003年，伦敦公布了《伦敦：文化资本——市长文化战略草案》，并于2004年4月公布了正式版本《伦敦：文化之都——发掘世界级城市的潜力》，提出了致力于伦敦文化发展的十年战略规划，明确指出要将伦敦打造成为一个富含卓越性与创意的世界级文化中心。根据规划方案，伦敦的建设目标为追求"卓越性（excellence）"，成为世界一流文化城市，并把"创意（creativity）"作为推动伦敦发展的核心，其经由的"途径（access）"是创造条件鼓励所有伦敦人参与到城市文化建设中，最终使得伦敦从丰富的文化资源中获得最大的"效益（value）"。从中可以看出，伦敦市政府的目标不仅在于将伦敦建设为世界经济中心，在文化方面也希图增强伦敦文化的国际辐射力与影响力，使伦敦成为世界的文化中心之一。

2004年，伦敦专门创立了负责伦敦文化创意产业发展的战略性机构——"创意伦敦"工作协调小组，为调动更广泛的民间积极性、汲取更多创意智慧，该机构采取政府和民间合作的方式运作，聚集了政府官员、创意企业执行官、文化艺术界人士等，共同对伦敦创意产业的发展潜力与可能出现的问题进行评价商讨。"创意伦敦"工作协调小组的目标是：在投融资、人才引进、房地产开发等方面为创意产业解决困难与障碍，促进伦敦创意产业发展的活力与多样性。据有关统计数字显示，伦敦发展局每年对创意企业、创意团体发展的财政投入为3亿多英镑，对个人与中小企业则提供研发基金。2005年6月伦敦科技基金成立，2005年3月"创意之都基金"成立，基金原资产净值达500万英镑，加上配套的私人投资总额已经达到了1亿英镑。伦敦市政府在为创意企业家提供原始资本和商业支持之外，同时在资源供应与商务服务等方面为创意企业提供许多便利条件。[6]

2008年11月，时任伦敦市长鲍里斯·约翰逊公布其任内的文化战略草案《文化大都市——伦敦市长2009-2012年的文化重点》，提出以举办2012年伦敦奥运会作为契机，重点发展十二个领域，其中包括增加伦敦市民对艺术与文化的体验经历，鼓励伦敦市民扩大与文化的接触，扩大艺术覆盖面，提高艺术活动的市民参与率，增加外伦敦各自治市的文化设施与文化场所，加强年轻人的音乐和艺术教育，建立机制支持民间创意与草根文化，打造充满活力的公共空间，为文化艺术界新人提供发展之路，捍卫文化在各领域中的地位，提高政府对伦敦文化的支持力度，营销伦敦等。

伦敦市政府连续出台的文化发展战略方案，从伦敦文化发展的目标方向到具体的实施步骤，逐步得到了细化，紧紧围绕着国家"创意英国"的发展战略，打造"创意伦敦"的城市形象，以此作为城市的品牌与标签，成功地向国际社会释放了伦敦文化的时代内涵与新鲜活力，为伦敦文化"走出去"找到了现实可行的道路。

伦敦文化创意产业成为英国的主要经济支柱，文化产品、创意产品是英国对外文化输出的重要内容。伦敦被称作"国际设计之

6 李明超：《创意城市与英国创意产业的兴起》，《公共管理学报》2008年第4期。

跨进全球信息传播时代

都"，伦敦拥有世界一流的设计机构，其数量占英国所有设计机构数量的1/3，产值占设计产业总产值的50%以上，并且这些设计机构中将近3/4在全球设有分部。伦敦拥有全国85%以上的时尚设计师，时尚设计产业年产值平均达到81亿英镑，出口创汇额高达4亿英镑。伦敦是全球三大电影制作中心之一，英国2/3以上的电影人汇聚在伦敦，完成的影视后期工作占全国总量的7成以上。英国40%的创意产业艺术基础设施集中在伦敦，90%的音乐商业活动、70%的影视活动在伦敦举办，伦敦音乐产业产值达到15亿多英镑。此外，伦敦拥有1850家书籍及杂志的出版商，其出版业产值达到34亿英镑，约占全英国出版产业的36%。伦敦还是全球三个广告产业中心之一，2/3以上的国际广告公司将它们的欧洲总部设在伦敦。同时，伦敦也是英国的游戏产业中心。[7]从以上数据可以看到，伦敦的文化创意产业覆盖众多文化艺术种类，文化艺术产品竞相进入国际市场，其影响力之广对于伦敦文化国际输出的作用巨大。

伦敦市政府实施适时的措施，保证文化创意产业繁荣发展。近年来，伦敦在保护文化遗产与文化遗迹的同时，斥资6亿英镑大力兴建新的文化设施，以打造伦敦为文化创意之都的城市形象。为了解决资金来源问题，除了政府的财政投入之外，还通过私营企业和基金会募集资金，并首创发行文化特种彩票筹集资金。在政府对文化发展的大力支持下，伦敦文化机构每年收到约11亿多英镑的资金支持，其中国家财政拨款、地方政府的投入与彩票资金占大部分比例。[8]

伦敦发展局为推动伦敦文化创意产业的国际化发展，积极与其

---

7 褚劲风：《后工业化时期伦敦创意产业的发展》，《世界地理研究》2007年第3期。

8 杨荣斌、陈超：《世界城市文化发展趋向——以纽约、伦敦、新加坡、香港为例》，资料来自中国网：http://www.china.com.cn/chinese/zhuanti/2004whbg/503891.htm。

他国家进行合作与交流，比如，开办创意集群年会，伦敦的创意产业中心更加频繁地展开与其他国家城市的密切合作；与此同时，不断提高伦敦的创新能力，设立研发基金鼓励个人与中小企业的创新活动，对创意产业从业人员进行技能培训，营造城市的创意环境，通过教育推介鼓励伦敦市民的创意生活；对于文化创意企业，政府给予财政支持与文化出口鼓励，做好知识产权保护工作，从方方面面为创意产业的发展提供良好的外部条件和社会环境。伦敦市政府的这些措施有力地促进了文化创意产业的发展与创意文化的国际输出。

三、巴黎：挖掘文化底蕴　走时尚化传播之路

巴黎文化的发展与对外传播践行了法国文化政策，是法国实施文化输出战略的一个缩影与典型体现。法国巴黎一直保有在世界文化中的崇高地位和声誉，然而在美国强势文化席卷下，纽约取代了巴黎成为新的世界文化中心，为此巴黎结合自身特点制定了适合自己的文化发展政策，谋求重新成为世界文化艺术之都，而这也是法国在力图恢复文化强国征途中重要的策略环节。

在世界历史上，巴黎是文化艺术的代名词，曾一度作为世界的经济中心、工业中心、文化艺术中心，在各个领域引领世界潮流，其文化艺术对世界其他国家、其他国际都市影响深远，使得巴黎成为难以替代的世界文化艺术圣殿。因此，法国政府、巴黎市政府在巴黎文化"走出去"的具体实施中，采取了继续夯实巴黎文化根基，最大限度发扬巴黎文化优长，在全球化语境下重新塑造巴黎文化艺术之都的新形象，在国际社会中巩固其既有的充满浓郁文化艺术气息的巴黎浪漫之都印象，同时也示人以与世界文化潮流共进的时代品质与时代面貌，这种由内而外的文化国际输出战略抓住了巴黎文化"走出去"的根本，是一种"以守为攻""不战而胜"的适合巴黎城市自身特色的文化输出策略。

　　总体来说，巴黎立足丰富的文化艺术资源，保护与发扬文化遗产的价值与魅力，面向新时代开发赋予传统文化以新的生命力与活力。同时，巴黎重视文化艺术的"公共服务"特性，致力于将文化艺术普及到最广泛的民众，营造巴黎城市的文化艺术氛围，以此吸引来自世界的眼光，并借此平台进行文化艺术国际输出。巴黎文化走向世界的成功经验，对于北京文化"走出去"具有一定的借鉴价值。

　　巴黎文化"走出去"重视从城市自身文化建设做起。巴黎市政府重视文化遗产保护，从政策与财政上加大对文化艺术事业的支持与投入。巴黎市政府主管文化的机构是巴黎文化事务处，管辖着巴黎城市文化景观的维护与建设，负责博物馆、剧院、图书馆、音乐学院和教堂等日常管理与维护、经费审批，为艺术家创作提供各方面支持，组织公共文化活动，营造城市文化氛围，面向广大市民普及文化艺术。巴黎市政府文化事业发展与建设的工作力度与投入比重都较大，从2001年起，每年向巴黎剧院的专项投入增加约120万欧元，对夏特莱剧院拨款每年增加约190万欧元；在巴黎市政府的政策鼓励下，艺术作坊数量从2000年的876所增加到现在1500多所；平均每年有超过700部电影在巴黎取景，而法国电影有一半都在巴黎取景，为了更好地传播巴黎文化，巴黎市政府开放大部分巴黎市区免费取景。巴黎市政府还致力于扶植新艺术形式的发展，比如为培养电影短片人才设立专项基金，每年拨款27万欧元，对杂技艺术的财政支持从2001年的预算投入18万欧元增至2007年的67万欧元，对街头艺术财政投入从2001年22万欧元增加到了2007年57万欧元，为扶持现代音乐投入65万欧元。从巴黎具体文化管理与建设中可以看出，巴黎文化发展策略细致到位，既有对优势传统文化的保护与弘扬，也有对青年艺术家文化艺术新形式探索的扶持，这使巴黎在文化潮流中始终处于前列，为文化输出奠定了基础。

　　此外，巴黎文化遗产保护工作的对象不仅限于著名的"名胜古迹"，也包括各时期各种物质文化遗产，焕发了巴黎整座城市的文化魅力。巴黎市政府对文化遗产保护的重视态度与做法赢得国际社会的好评，在世界上树立了良好的口碑。据统计，从2001年到2007年，巴黎市政府用于历史建筑修缮的投入共有8700万欧元，并从2001年起每年投入900万欧元进行名为"教堂计划"的修复工程。这些文物建筑的修缮工程促进了巴黎文化艺术相关文化产业的发展，在实现了社会效益的同时，也实现了良好的经济效益。在文化遗产保护方面，巴黎市政府还注重调动巴黎市民的积极性与参与意识。在巴黎，每年9月第三个周末为"文化遗产日"，当天很多平日禁止参观的古典建筑、珍贵历史文献会对民众开放，潜移默化中培养巴黎市民的文化保护意识。

巴黎强调文化艺术公共服务导向，提升城市文化内涵，增强国际吸引力。巴黎市政府推行惠及广大民众的文化艺术公共服务举措，文化政策提倡文化艺术的公共服务特性，重视吸引普通民众特别是年轻人对文化艺术的喜爱。巴黎为增强文化艺术公共服务性，专门成立了由专家与巴黎市民组成的城市艺术委员会，推动文化决策制定更能满足公众要求，也使得巴黎文化艺术事业发展能及时注入时代活力。城市文化内涵和形象载体在于人，而巴黎惠及民众的文化政策措施促进了市民文化艺术素养的提升，使得巴黎城市从内到外散发着浑然一体的迷人文化气息，在国际大都市中标志鲜明，文化艺术成为其独特标签。从现行具体措施来看，巴黎市政府采取了普遍降低文化场所、艺术表演等票价的措施，比如夏特莱剧场学生票价格仅为20欧元，包括卢浮宫、凡尔赛宫等大部分文化场所面向学生免费开放。从2002年开始，巴黎每年8月的电影票价格为3欧元，以吸引更多人看电影。而从2003年开始在巴黎市政府支持下举办的"巴黎电影节"，不但包括电影作品竞赛的传统环节，还包括全民参与的原创短片评比、经典影片回顾等活动。

　　特别值得一提的是自2002年起巴黎市政府实施"巴黎不眠之夜"计划，这是向巴黎市民普及文化艺术的一项重要举措，是将巴黎文化艺术对民众免费开放、邀请所有市民免费参与的大型活动，其成功经验引得欧洲其他国家竞相效仿。"巴黎不眠之夜"活动鼓励巴黎市民当晚走入免费开放的图书馆、博物馆、各种艺术展览等，鼓励现代艺术家的各种艺术创作展览向市民开放。巴黎市政府为方便民众参与"巴黎不眠之夜"，在交通与市政设施上提供了许多便利条件，当晚包括地铁等公共交通设施免费使用。在活动中，巴黎将艺术作品与城市化以及文化遗产巧妙地汇聚在一起，让参观者一饱眼福，很多原创性作品脱颖而出，成为新的城市人文景观，比如将艺术家的画作当做公共设施的装饰等。"巴黎不眠之夜"活动巩固了巴黎作为文化艺术之都的重要地位，也成为巴黎吸引国际游客的一个文化亮点。巴黎文化通过来自世界各地、亲身体验过"巴黎不眠之夜"文化活动的国际受众得到了传播，取得了很好推广效果。在巴黎之后，欧洲其他国家的城市，诸如罗马、阿姆斯特丹、布鲁塞尔、马德里等，积极与巴黎进行交流，携手举办"欧洲不眠之夜"，进一步扩大了其国际影响力。在这个过程中，巴黎在欧洲文化艺术领域中的核心地位得以巩固，巴黎文化面向世界传播得以实现，并且在更高层面上加强了欧洲的文化交流，形成一股集结了欧洲国家合力的文化潮流，在面对美国文化工业冲击中找到了突围之路。

　　驻巴黎的国际组织是巴黎文化进行国际传播的重要平台。总部设在巴黎的国际组织对巴黎成为世界文化艺术中心起到了重要推动作用。总部设在巴黎的国际组织有：拥有30多个成员国的经济合作与发展组织，全球最大的独立医疗救援组织——医生无国界组织、国际汽车联合会等。其中，在巴黎最有名的国际组织是创建于1945年的联合国总部下属的第一大分组织——联合国教育科学文化组织，截至目前共拥有195个成员国，同时与数百个非政府组织保持着密切联系，通过教育、科学和文化来促进各国之间的合作，这无疑为巴黎文化"走出去"借力打力提供了非常好的资源。

总之，巴黎是一座具有开放意识的城市，它以全方位的开放态度借鉴各国文化、博采众长，最大限度地与各种文化交流、融合，汲取他者之长以发展充实自身。巴黎文化与国际文化的这种开放平等的对话态度，对法国文化艺术传统也是一种发展和丰富，成就了法国文化多元化、包容性民族文化个性，而巴黎将这种鲜明的文化个性体现得淋漓尽致，其反映出来的对自由、多元和进步的追求顺应了全球化文化潮流，易于赢得世界其他国家的好感，增加了巴黎城市文化的亲和力与感染力，成为巴黎文化能够"走出去"的一个重要因素。

四、东京：发展动漫特色文化产业　促进文化传播

文化会展是东京重要的文化产业类型以及向外扩张影响力的重要途径，从亚洲范围来看，日本东京在文化传播上树立了自己的品牌产业——动漫产业。

为了鼓励动漫产业发展、提高日本动漫国际影响力，自2002年以来，东京每年举办以国际动画交流与进出口商业洽谈为目的的国际性动漫展，成为世界上规模最大、最具影响力的动漫会展。每逢盛会，东京便集聚了全球顶尖的动画、软件、电玩等领域的数百家企业一起角逐世界动画游戏市场，吸引了来自世界各地的动漫文化爱好者。与此同时，东京还有每年定期举办的东京电玩展，至今已经发展成为亚洲最大的游戏展览会，会展内容主要是各类娱乐软件、游戏机、电脑游戏以及游戏衍生产品等等，除了对业内人士和媒体开放之外，还有两天开放日，有兴趣的民众都可以前去参观。东京在文化传播国际影响力方面，还有世界九大A级电影节之一的日本东京国际电影节，每年秋季都会举行，电影节的宗旨在于发掘

和奖励世界电影界的新进人才，入围者多为新生代影人，因此获得国际电影界青年人士的广泛青睐，成为获得国际电影节联盟承认，并与戛纳电影节、威尼斯电影节等齐名的电影节，也是亚洲最大、最具影响力的电影节，成为东京城市文化传播影响力形成的一个重要部分。此外，东京设计周也是具有世界影响力的文化会展活动。设计周活动在形式上与世界级其他设计活动节相类似，走国际化前沿路线，是亚洲规模最盛大的设计展会之一，活动范围遍布东京主要区域，包括几个主题展，是一个推动各国设计师开展交流，促进优秀设计作品实现商业推销的大舞台。

一个城市文化信息传播地位的基础，体现于这个城市的基础文化设施建设。东京文化设施是东京文化产业发展的重要载体，东京文化设施有国立、市立的博物馆、美术馆和图书馆等，还有表演日本独有的"能"和"歌舞伎"等艺术的剧场，以及上演芭蕾、戏剧、歌剧、音乐会等的剧院。这些使东京整体蕴含着既有自身文化特色又具有国际性的文化气息。此外，东京重视举办文化活动作为提升东京文化活力的主要措施。为提高东京文化的国际影响力与辐射力，政府积极支援东京文化艺术各界举办艺术节、进行表演或者演艺比赛等活动，并积极向国内外推介，传播有关内容的文化信息，加强城市文化营销能力。东京还通过举办和打造"都民艺术节"盛典来向世界展示整个东京都市文化。东京在文化信息传播方面，将会展业作为向世界展示自己文化特色的绝佳窗口。

第三节 北京文化信息传播的主要特点

在对全国以及全球文化信息传播格局的基本形势做了分析之后，可以更加清晰地把握北京发展文化信息传播的优势与定位。北京的文化信息传播不仅限于发挥地方传媒的作用，在很大程度上承担着贯彻国家意识形态的建设与传播任务，包括传达中央精神、发布新闻、推广社会教育及文化娱乐等，同时承担着面向世界推动中华文化"走出去"的任务，形成文化的国际影响力与感召力，演绎阐释好"中国声音"和"中国故事"。

一、北京具有得全国风气之先的政策支持

从北京媒介文化信息传播的发展历程来看，20世纪50、60年代，具有了相应的物质条件基础上，北京传播媒介得以快速发展，成为实现上层建筑精神形态的载体，当时北京电台广播、电视媒体播放的内容主要是新闻节目、知识性节目、文艺节目这三类。20世纪80年代，由于十一届三中全会后的改革开放政策为传播业发展带来了宽松良好的政策环境，北京影视广播、报刊图书出版业等在这一时期得到了快速而持续的发展。进入20世纪90年代，在市场经济体制的推行下，我国文化艺术在与市场对接过程中经历着产业化过程，首都北京传媒业也在变革发展的潮流中开始进行相应改革，走上传媒产业化的道路，以逐步适应市场经济要求。1992年6月，传媒业被中共中央、国务院颁布的《关于加快发展第三产业的决定》明确划入第三产业的范畴。十四大召开以后，社会主义市场经济体制得以确立，传媒业开始整体走向市场化，面向市场经营。1995年是中国传媒业发生根本变革的一年，投资传媒业的主体逐渐从政府变化为媒体自身。20世纪90年代以来传媒业改革政策的出台和发展趋势的展望都是最先源自于首都北京的新闻信息传播，并进而得到北京传媒业的直接响应逐步在全国推进。

2001年出台的中央17号文件标志着中国传媒业格局向前发展的重要一步，文件规定，进一步放开媒体公司上市和融资政策。据统计，截止到2012年9月底，我国共有57家文化企业通过上市投融资。从行业分布看，居于首位的是出版业，占比为40%，这些企业

几乎全部为国有控股，国家严格控制着其持股比例，国有资本垄断严重；其次为广播电影电视业，比例为23%；再者，网络文化服务业占比为16%，这些企业借着"技术驱动"的旗号在境外上市的居多；信息传播服务业和影像业分别有4家和3家，占比不足10%，之所以这两个行业上市困难，一个重要的原因就是其产业链盈利模式不够清晰，难以满足IPO上市的要求。[9]当时，受众市场一直强健的《北京青年报》希望成为第一家直接上市的纸质媒体，在2001年完成了新闻内容与经营行为的分离后经北京市财政局、工商局、体改办等相关部门批准后进入上市辅导期，并在2004年作为全国35个文化体制改革试点单位之一，在香港联交所上市，由此从"事业制"转型为"集团控股制"，完成了体制改革，成为中国内地纸质传媒企业第一股。符合现代传媒发展的需要，将公益性文化事业和经营性文化产业很好地结合起来，提高了《北京青年报》的舆论影响力与市场竞争力。与此同时，从2001年下半年开始，中国电视传媒的发展形势在经历着重大变化，实行频道专业化，合并有线无线，取消县级台并建立省级公共频道。在此发展趋势下，北京电视台将都市化、市井化、时尚化等作为自己的节目特色，以适应在新的发展时期文化信息传播的需求。中央对北京媒介传播也作出了规划要求，在CBD形成以中央电视台、北京电视台、新浪网等媒介机构为中心的聚集地，在北京东区形成全国传媒产业中心。[10]

2002年，贾庆林在中国共产党北京市第九次代表大会上指出，"要整合资源，引入竞争机制，切实把新闻出版、广播影视、文化娱乐、旅游休闲、体育健身等产业做大、做强，积极支持重点

9 高宏存、唐瑞雪：《文化企业上市融资问题研究》，《学习与实践》，2014年第1期。

10 惠东坡：《北京地区传播媒介的生态环境》，《北京社会科学》，2005年第4期。

文化产业园区的建设，培养和造就一批高素质的文艺工作者和文化产业经营管理人才，不断增强文化产业的综合实力和市场竞争力。"2003年4月，北京市委书记刘淇在调研北京新闻单位时强调抓住北京奥运会等机遇扩大媒介传播影响力，发展新闻文化事业，推动新闻传播产业做强。刘淇指出，"北京新闻媒体要具备国际视角，树立首都概念，以首都传媒业优势为依托，扩大新闻文化产品的生产规模，努力把北京建设成为全国新闻信息的集散中心、优秀影视作品的创作、制作生产中心，优秀影视文化作品的交易中心，使北京传媒业始终走在全国前列，在国际传媒业中占有一席之地。"2003年，新闻出版总署对全国报刊做了整顿，并在同年6月开始文化体制改革，中央在9个省确立了35个试点单位。体制变革带动媒介改制，北京媒介传播抓住机会在政府管理、行业自律、传媒产业自主经营的前提下，利用利好发展政策谋求更大发展。2005年，北京城市总体规划将宣武区的功能定位为国家新闻媒体聚集地之一，其目标主要是把北起宣武门，南至南二环滨河路的国际传媒大道发展成为传媒产业为中心，即以金融、商业、商务、通讯、娱乐等相关配套服务产业为支撑的传媒产业社区，为中外各类传媒机构、集团、组织、企业进行传媒信息、传媒产品汇集、发布、编辑、展示、交流、交易、经营等提供服务。通过政府引导与社会推动，实行市场运作，将电子化、信息化、数字化和智能化相结合，充分体现北京文化深厚底蕴与现代传媒时尚品质。

中央关于新闻出版业的改制决定使得550多家出版社实行了转企改制（仅人民出版社、民族出版社、盲文出版社、中国藏文出版社等四家除外），走向市场，实行企业化运作，由旱涝保收的事业单位转变成为自负盈亏的经营性企业单位。在影视产业方面，2004年国家广电总局颁布《关于促进广播影视产业发展的意见》中，指出"强化以电视为龙头和支柱的优势产业，实现电视产业经营的转

型，发展付费电视，扩大电视节目经营和资源开发，对经营性资源进行电视、广播、电影等多种媒体的多重开发和利用；振兴广播、电影、动画等产业；发展广播电视网络和数字电视等新兴产业；改造新闻纪录电影摄制、电影洗印业、广播影视类报刊图书等传统产业；开发卫星直播、手机电视、移动电视等高新产业。今后，允许经营的资产、资源和业务将逐步从广播电视事业体制中分离，并面向市场进行企业转制和重组，与事业部分分别管理和运营。广播影视的投融资渠道、市场准入也将进一步扩大和放宽。通过资源整合和结构调整，一批实力雄厚、主业突出、核心竞争力强的大型广播影视产业集团公司，将作为产业骨干带动整个广播影视产业向前发展。"中央作出的这一系列决策，目的在于推进我国传媒业改革与文化信息传播竞争力影响力的进一步发展，北京传媒业进入了体制和产权结构变革期，打开了发展与经营的思路，发展了融创意、内容、技术、营销与增值业务等为一体的传媒运营模式，为市场化开拓了更为广阔的空间。

几年来，在国家发展新形势下，北京一直致力于践行北京市规划委员会制定的《北京市城市总体规划（2004—2020年）》，《规划》确定城市发展目标为：国家首都、国际城市、文化名城、宜居城市，到2050年成为世界城市，这就需要北京进一步提升城市软实力，增强国际城市的竞争力。2010年，北京把建设"世界城市"写进政府工作报告，文化"走出去"成为北京世界城市建设的重要内容和渠道。2011年出台的《中共北京市委关于发挥文化中心作用、加快建设中国特色社会主义先进文化之都的意见》把文化"走出去"工程列进文化发展九大工程。

二、北京集聚了全国优质文化信息资源

大力发展文化信息传播，北京具有雄厚的现实基础与优越的传

播环境。北京拥有的优秀新闻文化事业单位数量在全国首屈一指，大约全国五成的出版社以及三分之一以上的报刊社聚集在北京，另外，还有包括如北京广播影视集团、北青集团、北京出版集团和京报集团等众多影视机构和传媒集团等。这些都是北京发展文化信息传播不可或缺的重要基础与资源来源，这不包括属地的十多家国家重点建设的国家级媒体传播机构。随着北京传媒业近年来锐意发展，涌现出一大批新锐的传媒企业与媒介机构，比如光线传媒、华谊兄弟、新画面影业、北大华亿业、银汉传播、欢乐传媒、唐龙传媒、派格环球、海润影视，以及包括新浪网、搜狐网、首都在线等在内的各大网站等。这些新兴的、代表着时代最新媒介技术的媒介文化传播平台，满足着北京乃至全国各层次受众日益增长的精神文化生活需要，并摸索出打造传媒品牌与资本运作以及媒介传播娱乐一体化、媒介文娱工业化、优势资源共享等方面的成功经验，极大地推动了北京乃至全国媒介传播业的巨大发展，产生了深远影响。

北京汇聚了各方实力传媒，北京传媒业在发展过程中与京外传媒联手，以增强媒介传播的市场影响力。2003年，南方日报报业集团与光明日报报业集团合办《新京报》，是我国第一家由不同地区的两个媒体集团合办的大型日报，而且也是我国第一次中央级党报集团与最具有市场开拓力的省级党报集团的合作，现在已经成为北京地区传媒市场中一支覆盖率高的主流纸媒的强势力量。2001年由北大青鸟集团投资，由《人民日报》与《南方都市报》合作创办的《京华时报》，也是跨区域成功合办平面媒体的成功例子，在发行量与传播影响力方面也具有相当实力。同时，北京由于在政策、人才、受众、广告、市场等资源上具有的优势，吸引聚集了很多京外媒体与海外媒体的办事处与分支机构，这些都增强了北京文化信息传播的影响力与辐射力。

三、文化信息传播之路进一步国际化、立体化

　　中国入世以后，境外文化信息传播对北京传播来说是一个巨大的挑战。先进的媒介技术、快速灵活的传播方式、新颖时尚的表现手段以及多元化的传播形式是境外文化信息传播的优势所在。北京文化信息传播在这些方面尚有不足，北京文化信息的传播要走国际化、多元化、立体化路线，在整合全国优质文化信息资源的基础上，形成自己的鲜明特色，打造内容亮点，通过多元化媒体传播、文化艺术活动、节庆活动、文化产品与文化贸易等多种传播形式，有体系有步骤地进行国际传播。

　　北京传播的国际化优势在于北京吸引了众多境外新闻媒体在京设有分社、分机构与办事处。我国入世以后，境外传媒业资本以各种方式进入了北京媒介传播市场，比如，中央电视台与富士电视台合作，由富士电视在手机新闻网站上传播中央电视台的新闻；清华同方与维亚康姆签署合作意向书，整合资源优势，在传统媒体与数字传媒等方面展开多种合作；在北京开通了中美俄三国联手建立的第一个全球高速宽带网络；美国MTV音乐频道与北京电视台合作推出了有一定反响的音乐栏目等。这些来自国际媒介传播的元素对北京本地囿于传统文化而显得较为呆板单一的媒介传播带来冲击，促进北京在文化信息传播方面与时俱进不断探索与变革。

　　可以看到，北京文化信息传播的整体环境具有包容多元的特征，但是也颇具复杂性，来自各类媒介的竞争与挑战使得北京必须加快优化传媒文化产业结构，增强融资能力组建有影响力的传媒企业集团，积极拓展海外传播市场，引导市场秩序的重塑等，以发展壮大北京文化信息传播的影响力。《北京市国民经济和社会发展第十二个五年规划纲要》指出，"适应全球化发展与竞争要求，致力于加强文化产品和服务贸易，构建高效的传播网络，塑造有亲和力的文化环境和社会氛围，鼓励优秀文化走向世界，显著提高首都文化的国际影响力"，"加强文化传播基础设施建设，积极利用数字传媒、网络技术等现代科技手段，大力发展新兴传播，拓宽文化传播覆盖面和影响力。打造全国领先、具有国际影响力的传媒集团。大力发展文化经纪人市场，发挥其文化营销和文化传播的'渠道'作用。有针对性地开展对外宣传，注重与海外媒体合作，打造'魅力北京'文化品牌。"在面对促进北京文化信息传播进一步发展以及与境外文化信息传播的竞争问题上，北京应对整体的传播环境与传播格局形势进行准确分析，综合利用各方优势资源，吸收采纳各种形式传播的成功经验，不断壮大自身，争取在国际文化信息传播格局中占有一席之位。

四、重视培育文化信息传播国内外受众市场

多元化社会中，传播受众的构成也趋于复杂多样，文化信息需求也日趋多元化。因此，作为国家文化中心的北京，就要能够以自己的文化信息传播服务吸引国内外众多的受众群，否则无以形成其国家文化中心的地位。北京要发展文化信息传播，需要在影视广播、报刊、网络媒体、微媒体、文化产品以及文化贸易等多方面，在全国乃至全世界范围内，形成较大影响力与辐射力。

北京的文化信息传播首先要满足北京本地区的受众要求，因为北京人员构成复杂多样，外来人口与流动人口占有相当比例，人员层次、人员素质覆盖社会各个阶层，并且拥有一定数量的国际人口，这些都共同构成了北京文化信息传播受众群的一个基本面貌，由此决定了北京文化信息传播的多元化形态，并且要与国际化接轨。另一方面，北京城市自身的文化氛围与历史传承，造就了受众对传媒产品、文化信息的更高期许与要求。近年来，北京各种传媒文化迅速涌现，正是适应了受众市场对前沿信息、文化时尚内容等的大量需求。为适

应新的传播形势，具有传统优势的中央电视台、北京电视台、《北京晚报》等各种形式的主流媒体也在面向受众市场的传播实践中，逐步推进变革与栏目改版，以适应新世纪受众的要求。

此外，因为北京是国家政治中心，很多重大事情与重大决策，北京传媒会最快得到讯息，在第一时间做出反应，因此从这个角度上来讲，也更加需要适应受众对文化信息传播效率的要求。北京传播受众的多元化要求与高素质构成促使北京文化信息传播不断追求更高层次的发展，这就客观要求北京文化信息传播要具有多样的选择性，能够满足不同受众接受新事物与国际前沿信息的要求。做好北京文化信息传播工作需要对国内外受众市场进行细化分析，适应市场需求，拓展北京文化信息传播的国内外发展空间，真正发挥传播中心的功能。

五、聚集与培养文化信息传播高级人才

北京发展文化信息传播，北京拥有丰富的文化信息资源、广泛的受众基础以及蕴含广大传播空间的市场环境，除了这些之外，大量文化传播方面的专门人才是北京发展文化信息传播的一个重要保障。现有北京传媒业的人才是经过北京传媒业激烈竞争汇聚起来的素质较高的传媒精英人才。高素质的传媒业人力资源成为北京本地传媒机构、驻京境外媒体争相招揽的人才对象，北京传媒业在这个过程中，突破了地域性的人才闭锁，吸纳了在国内报业采编、经营管理、广告发行等的优秀传媒人才与管理骨干力量，促进北京传媒的壮大发展以及媒介文化信息传播的市场影响力。而北京文化信息传播适应时代潮流兼容并蓄的发展过程中，有了更为丰富多样的时代元素、更为包容大气的风格，更为注重国际化市场的开拓，在媒介文化产品的制作技术、市场定位与发行管理上都体现出更高水准的专业性。北京媒介文化传播对业务型、经营管理型以及复合型等

人才的吸收与招纳，成为北京发展文化信息传播的重要保证之一，这种对传媒人才重视的意识以及对传媒业人才结构的重新认识有利于推动北京文化信息传播的发展。

在当今时代，文化信息传播既具有意识形态属性，也具有文化产品的经济属性，因此文化信息传播的发展与壮大要遵循相关规律与规则。建设国家文化中心，是对北京未来发展的定位之一。在适宜的文化体制环境中，作为政治中心的北京是全国重要决策发源地，可谓政策资源最为丰富，具有率先响应、典型示范的责任与义务，从而促进全国文化信息传播积极健康发展。入世以来，北京文化信息传播市场化的进程大大加快，文化传媒业所处的政策制度环境更为开放、合理，去除了既往对媒体传播科学发展的约束与抑制，给予文化信息传播行业以更大发展空间与发展前景，明确了文化传媒单位的定位与市场经营模式，行政干预程度大大降低，自主经营自负盈亏，充分利用市场配置与整合资源，谋求激烈市场竞争中取得良好发展，因而也面临着来自国内外文化传媒市场的挑战，如何在强手如林的文化传媒市场竞争中充分调动与利用自身优势，确保在国内外文化信息传播中居于优势地位，还需要更多现实具体的努力与实践。

第三章
实现北京文化信息传播
"国际化"路径探寻

北京是中国的政治中心、文化中心和国际交往中心，肩负着繁荣文化发展、推动文化"走出去"的重要使命。在文化信息国际传播方面，北京要适应新形势，转换观念更新思路，借鉴纽约、伦敦、巴黎和东京等世界著名城市的成功经验，从北京实际出发，站在新的高度，以国际化视角和创造性思路，采取新举措，实施多元化、全方位的文化信息传播，通过各种载体与途径弘扬北京文化、中华文化，推动北京文化信息走向世界，在文化信息传播国际竞争中得到跨越式发展。

北京是传统文化与现代文化、中国文化与世界文化交汇之地。北京城市古今中外交融的文化氛围与大量丰富的国际文化活动是全国其他城市所不具备的，北京是全国乃至全世界最高水平文体演出盛事的舞台，拥有以中关村为代表的数字高科技文化，也拥有全国最大规模的书画古玩等艺术品交易市场等。北京很多文化行业在全国属于领先地位，图书出版发行量约占全国总量的二分之一，影视音像制品占三分之一，报纸占五分之一，期刊占四分之一；北京对外文化交流和文化贸易规模与

数量与日俱增，在影视、软件、图书等领域位居全国前列。[1]作为国家文化中心，北京文化信息"走出去"与成功的国际传播，可以增强国际文化交流中的文化辐射力，提升北京的国际地位，也是国家在国际社会确立自我身份的重要因素。

第一节 全媒体时代政府在传播中的地位与作用

一直以来，政府传播是宣传工作的主要形式之一，然而随着媒介科技的发展和全媒体时代的到来，人们接触到来自各种新媒体的文化信息，对过去较为单一的传播方式形成了强烈冲击，也为政府宣传与传播工作带来新挑战。在媒介走向融合的全媒体时代，政府传播要适应形势变化，在传播方式、传播途径与传播方法等方面积极创新与探索，以适应全媒体时代的传播要求与趋势。所谓全媒体传播，是指综合运用包括文字、图片、声音、光、电等各种媒介表现形式，全方位立体地展示传播的具体内容，并通过文字、声像、网络、通信等多种传播手段进行传播。全媒体传播是传统媒体与新媒体走向融合后一种"跨媒介"传播形式，它超越了传统媒体时代传播形式与方法的限制，突破了具体某种媒体形式的局限，综合利用传统媒体与新媒体优势，通过多媒介传播技术手段，形成多落点与多形态传播，实现信息传播的全方位覆盖。

一、从单一形态走向融合联动

全媒体传播能够极大地扩大传播影响力。全媒体时代的到来，北京市政府对文化信息的传播形式也应引入全媒体传播模式，借助

---

1 金元浦主编：《北京：走向世界城市》，北京科学技术出版社，2010年，第404页。

其媒介融合的优势，使过去形式单一的典型宣传模式转变为多媒体、多形态传播运作模式，通过传统媒体与新媒体的深度融合，形成全媒体联动传播、整合传播，从而提高政府典型宣传的影响力与感召力。在全媒体传播模式下的政府传播，要积极创新内容宣传的表现方式，使其更加多样化，从而提高受众对政府传播的接受度与满意度，实现预期的政府传播效果。

政府传播是否能在文化信息传播过程中收到良好的传播效果，其前提条件是政府宣传与传播的信息要对受众具有较强的吸引力，是受众认可和乐意接受的内容与形式。在全媒体时代，信息渠道多元化，人们可以从很多途径获取海量信息，因此政府传播要做到吸引人们并在舆论中起到引导作用，就要改变以往简单化、模式化的宣传内容与宣传形式，不但在内容上要遵循客观、真实、全面的传播理念，还要能够及时反映与传递前沿信息动态，站在国际文化信息传播的风向口，在第一时间做出迅速反应，发出声音，通过可信、可亲的宣传风格使得政府传播能够深入人心，赢得国内外受众的认可，最终实现有效的文化信息传播与舆论引导。

政府传播在运用全媒体传播方式时，要将多种媒体进行有机结合共同服务于传播过程，而不是几种媒体的简单组合，要进行精心的传播策划，将各种媒介手段与媒体平台进行整合，使其形成有序的传播流程，在整个传播过程中，相对独立的各种媒介传播手段在整个全媒体传播体系中发挥各自优势，互为补充，形成有机的配合与组合，协同运作，从而产生综合立体的传播效果。这个传播过程不是通过不同的媒介形式或者媒体平台简单地重复传播，而是根据国内外受众的不同需求，综合利用各传播媒体的特点与优势，制作出可以产生最佳传播效果的文化信息内容，通过多种传播形式，为国际受众提供更多的接受选择，从而更广泛地满足国际受众的需求。

对于政府传播中常见的典型宣传来说，要强化传播过程的整体策

划，要从媒介融合的视域出发，合理选择并运用不同传播媒体对宣传内容进行全面而生动的表现与传达，有步骤、有条理地组织整个传播活动，从而形成传播之势，产生宣传合力，使文化信息在传播过程中，经过各媒体之间的优势互补、相互促进与有效融合下，得以顺利地为受众所接受，扩大政府传播的影响，达到宣传效果的最大化。

二、融合受众取得实效

长期以来，政府传播尤其是进行宣传时，习惯于简单化、模式化的做法，而在全媒体时代，传播环境发生了变化，受众可以通过多种渠道和途径获得信息，过去政府传播主体与受众主体之间存在的信息不平衡状况走向了信息获取的对称与平衡。面对全媒体时代这一传播关系的新变化，政府传播需要舍弃传统的思维方式，要考虑国际受众的接受心理，加强与国际受众市场的信息互动，提升传播效果。在以往的政府传播中，习惯于"传播者本位"的单向性宣传，往往将事先准备好的内容对受众进行单向式、灌输式的传播。全媒体时代的来临，各种新媒体传播技术打破了传统传播渠道的限制，人们通过媒介技术都可以参与到信息传播中，降低了信息传播的公众成本，全球受众都可以参与到文化信息的传播活动中来，因此，政府传播中过去那种"我说你听"的传播模式已经不再有吸引力与说服力，受众参与到信息传播中已经是全球传播的趋势和要求。为了取得更好的传播效果，政府传播必须充分考虑到信息互动的重要性，主动为国内外受众提供各种互动的机会与渠道，并建立起常态联系，提高信息传播的公信力，引起国内外受众的共鸣，进而增强信息传播的吸引力与影响力，并能吸引国内外受众利用微博、论坛等新媒体平台更多地参与到相关传播内容的生产中，使国内外受众不仅是文化信息传播的接受者，同时成为文化信息传播的积极参与者与推动者，从而大大增强了传播的覆盖度与影响力。

从政府文化信息传播的具体现实来看，主要以灌输式的宣传为主，这种导向缺少了很多的现实维度，面对世界复杂的传播环境缺乏应有的适应能力和反应能力，削弱了传播效果与传播影响力。尤其在文化信息的跨文化传播方面更加缺乏经验与研究，面向西方受众进行媒介传播的信息渠道比较单一、畅通性欠缺，使得西方受众接触我们生产的文化信息量相对较少，我们需要在对实际传播工作中进行具体考察和研究，努力提升北京文化信息传播水平，加强外宣渠道，发展华文媒体事业等等，以争取更多地进行国际交流，进行文化信息传播，让更多的国际受众听到我们的声音。但是，文化信息的传播最终能否产生影响，最关键在于生产出高质量的文化信息，这要求我们传播的文化信息在意义与价值上具有普适性、共同性，能在国际社会上获得广泛的认同与共鸣，是被普遍认可和接受的，是基于共同的价值观与共有知识的基础之上的文化信息。

三、扮演好传播者与管理者的双重角色

政府在文化信息传播过程中扮演着双重角色，既是信息的传播者，也是信息传播的管理者。政府因为有特定的信息源，从而掌握着权威性的信息，在信息发布方面可以更为全面和准确。另外，政府作为信息的管理者，还要通过法律或行政手段对传播主体的传播行为进行监督、把关与控制。在传统媒体时代，政府主要依靠传统媒体进行"点"对"面"的传播，信息流动具有单向性的特点，一般情况下受众只有被动地接收政府发布的信息，而不能参与意见与表达观点，而到了互联网时代，随着新媒体的出现及其广泛应用，政府传播的传统优势被大大削弱了，政府传播开始面临全媒体时代的传播挑战。面对新兴媒体与传播形态新变化带来的种种挑战，政府在文化信息传播与管理方面要做出适应性调整与改善，适应的政策、法规、办法的变革。

首先政府要转变观念，高度重视新媒体传播。政府传播在如何利用传统媒体资源方面积累了丰富的经验，但是面对新媒体用户数量的急剧增加和个人传播手段的日益便捷化，以及网络等新媒体传播对人们思想、观念、行为影响的广度与深度等方面还没有充分的认识与估计。鉴于此，要加强政府传播对新媒体特性的认识与了解，特别是要对网络舆论的形成与引导过程有充分的认识。其次，要掌握新媒体传播的规律性。新媒体吸引了海量的用户人群，其传播影响力越来越大，因此对新媒体特征及传播规律性的了解与把握是做好政府传播工作的必要前提。政府在文化信息传播过程中，要了解新媒体传播的技术手段，对网络媒体平台诸如博客、播客、微客等的传播形态要加深了解，还要深入了解移动通信技术与网络技术结合所产生的媒介延伸功能，掌握传播技术发展趋势。再次，研究新媒体管理的规律和方式。熟悉借鉴国外关于新媒体管理的理念、方式、方法，既要与国际接轨，又要结合我国新闻管理的独特性，建立媒体管理的新的法律法规，灵活运用各种手段和新方式，更有效地管理使用好新媒体。此外，还要对国内外新媒体传播的主要内容有所了解，比如热点话题、关注焦点等信息，以了解国际舆论动态，通过观察、监测等分析可能出现的国际舆论走势，有效输出文化信息。特别是要提高政府传播效率，快速发布权威信息，因为互联网是一种信息流通的快速通道，政府要先于不真实的或者不正确的信息传播出来之前发出声音，引导正确舆论导向，以免不实信息传播误导人们作出不正确的判断和结论。

第二节　积极促进文化产品输出与文化贸易

《北京市国民经济和社会发展第十二个五年规划纲要》指出，"研究制定支持文化产品和服务出口的政策措施，积极引导文化创意企业根据国外文化消费市场的特点和需求，定制相关文化产品和服务，打造一批具有一定国际影响的文化出口品牌和企业。鼓励在境外兴办文化实体、设立分支机构，推动文化企业落地经营。积极利用国际文化创意产业博览会等贸易平台，组织文化企业参加国际性文化会展和活动，支持文化企业参与国际市场竞争。依托友城、驻外机构、海外华人等资源，积极协助文化企业开拓海外市场，建立国际化的营销渠道。"

一、文化创意产业成为北京文化影响力传播的新载体基石

内容产业是文化产业的核心部分，文化内容产品是国际文化交流的重要组成部分，整个文化产业增长的关键还是看内容产品的生产质量。因此文化产品、文化产业需树立精品意识和品牌意识。政府对于具有北京地方和民族特色、具有核心竞争力、适应国际市场文化交流的文化产品要予以重视和优惠政策，扶持打造北京知名文化品牌，打开在国际文化市场上的知名度。

通过对文化机构加大投入力度和企业运作的方式面向国际市场传播文化信息。积极探索内外联动、互利共赢的模式，创新对外投资和合作方式，推动文化自主创新，加快培育可以在研发、生产、销售等环节开展国际化经营、具有国际竞争力的文化大企业集团。

近年来，北京市对文化产业发展给予高度重视。在《2004－2008年北京市文化产业发展规划》以及《人文奥运行动计划》中，提出把北京建成全国的文艺演出中心、影视节目制作和交易中心、动漫和互联网游戏研发制作中心、出版发行和版权贸易中心、文化会展中心和古玩艺术品交易中心。2005年北京市政府工作报告中明确指出，要将北京文化产业按照支柱产业的目标加以大力发展，提高文化产业创造增加值年均增长率，以及在北京市地区生产总值中所占的比重，使文化产业成为北京经济的支柱产业。随之，北京成

立了文化创意产业领导小组，设立了文化创意产业发展专项基金，北京文化创意产业获得了快速发展，是最具有增长潜质和最为活跃的产业领域，形成了一批文化创意产业聚集区，逐渐成为北京经济的支柱性产业，形成初步规模，在国内文化创意产业领域与国际贸易往来上都居于领先地位。北京文化建设与发展立足国际视野，引领文化建设服务融入世界，2010年，北京将建设"世界城市"写进了政府工作报告，通过文化产品输出与文化贸易提升城市影响力，推动北京文化"走出去"，提高北京城市文化在国际社会中的辐射力，成为建设北京为世界城市的目标之一。目前，北京提出建设国家文化中心的战略性目标，也是北京城市建设的重要方向选择。

经过这几年的努力，北京生产创造出了一批能够跻身国际市场并具有一定吸引力的文化产品，初步打开国际市场。比如，北京完美世界网络技术有限公司开发的网络游戏《完美世界》，在全行业的出口比例中占4成，产品用户遍布全球100多个国家和地区。北京青青树动漫公司制作的动漫电影《魁拔之十万火急》入围日本动漫节竞赛单元，并有来自欧洲、东南亚等海外片商购买。

二、多种形式的走出去实现了中国文化在地传播

北京市相继出台了一系列政策鼓励、引导和支持文化产业的发展，目前北京在对外文化交流上形成了政府、企业、民间并举的格局。据相关统计数字显示，每年北京与海外交流计划达到100多个，获批的中外文化交流项目达200余个，涵盖国家50多个。为进一步推进文化产业的深入发展，北京不断开拓文化产品输出与交流的海外营销渠道，并着力改善在全球文化产业链中处于低端的局面，比如，北京俏佳人传媒公司并购美国国际卫视并更名为美国国际中文电视网，拓展了文化传播的受众范围，拥有了800万华人受众和1300万美国受众，并开发了3000多种中国文化系列产品以及影

视剧等，作为汉语辅助教材走进美国部分中小学；北京天创国际演艺制作交流公司收购了美国密苏里州布兰森市白宫剧院，意味着中国企业首次在海外拥有了属于自己的演艺剧场，并能够拥有更多的演出自主权和文化传播与输出的机会。[2]西京集团收购英国数字卫星电视台普罗派乐卫视，从而拥有了和BBC同类的电视播出平台，进入了欧美国家主流播出体系，在节目中融入大量中国文化元素，制作班底多由华人传媒精英组成，致力于跨越文化差异障碍，让西方受众更加深入地了解中国，如今普罗派乐卫视播出范围覆盖45个国家和地区，有线电视网络已入户英国1000万户家庭。[3]特别值得一提的，北京"老字号""走出去"初见成效。北京同仁堂是实施"走出去"战略较早的"老字号"，目前已在16个国家和地区开办了18家独资、合资公司以及35家药店，同时还在英国、澳大利亚和加拿大成功开办分店，有力地促进了中医药文化在世界范围内的推广。另外，盛锡福等20家"老字号"企业在美国、欧盟、日本、韩国、新加坡、港台等30多个国家和地区签署了商标注册协议。20多家北京"老字号"在海外50多个国家"落了户"。[4]北京文化产业的深入发展有力地推动了北京文化与中华文化在世界的传播。

　　总体来说，北京在文化创意产业发展过程中充分重视国际化发展与开拓国际市场。北京通过对传统文化资源的激活与创新式开发，并将国际市场营销策略和现代传媒技术相结合，创造与生产文化产品，正在逐步跻身国际文化市场，是北京文化信息传播的一个重要渠道。然而，北京文化产品在走向国际市场的过程中，还存在着不了解海外市场需求而盲目输出并不适销国际市场的文化产品，

2　资料来源：中华人民共和国商务部驻天津特派员办事处网站，http：//tjtb.mof.com.gov.cn/index.shtml。

3　《"走出去，引进来"拉动北京文化贸易高增长》，千龙网：http：//www.qianlong.com，2012年3月30日。

4　资料来源：中华人民共和国商务部驻天津特派员办事处网站，http：//tjtb.mof.com.gov.cn/index.shtml。

因而造成市场反响差的问题，这反映出我们过去在生产文化产品时，存在闭门造车和凭主观想象的缺陷，导致文化产品在内容、审美习惯、表达方式等都不符合国际消费者的习惯。另外，北京走向国际的文化产品中，还缺乏高端品牌，北京文化产品大多为低端产品，严重缺乏具有国际影响力的影视产品、游戏类等文化精品，因此，文化产业尚处于全球文化产业链的下游，抑制了文化的国际化传播。

若要成功地传播文化，输出文化产品，要最大限度地跨越文化差异，减少文化折扣现象的发生。这就需要我们在打造本民族文化品牌时，悉心研究海外受众的文化需求、接受习惯与理解方式，采取国际化的文化产品制作与传播方式，以本民族文化作为文化产品的内核，兼纳国际元素，善于汲取其他民族文化的养分，生产出能与国际市场接轨的优质文化产品，从而成功打开海外文化市场，向海外大众推广中华民族优秀文化，实现北京文化产业社会效益与经济效益最大化。

三、文化输出传播要在放大凸显民间作用中形成整体效应

发展文化信息传播的工作是一项长期的系统性工程，政府对文化信息国际传播与交流格局的形成起着主导性作用。政府需要充分调动社会各方面的积极性，举官方部门、传播媒介、民间、文化产业贸易在内的社会之力推动文化信息传播国际化。政府以及相关文化部门要发挥行政职能集中社会财力、人力、物力，充分调动各相关部门的积极性，形成强大的合力，打造具有优质内容、高艺术水准的文化艺术项目，做国际化推广，对具有重大影响力的国际文化交流项目要做好细致规划与具体实施，面向世界推介与交流。

充分活跃民间国际文化交流活动，在更为广阔的交流空间中交流文化信息。在深化改革的过程中，涌现出来很多企业、民间机构乃

至个人对国际文化交流抱有兴趣，积极参与到国际文化交流活动中，这些都是文化信息传播的一种形式，政府部门应该担负起协调职能，积极、主动地支持与推动这些民间文化信息交流，让其在对外文化信息传播中发挥更大的作用。整合民间文化国际交流项目以形成有规模、有声势的文化宣传整体效应。探索在政府经费有限的情况下如何与民间财力相结合，发挥各类市场主体的主角色功能。注重提高文化产品品质，打造民族文化精品，增强在国际市场上的竞争力。面向国际市场策划推出高质量的文化艺术展览、表演等，开拓国外文化市场，通过本地文化企业与世界文化产业集团的合作，进行海外市场营销和宣传，拓展北京文化产品在国际市场的空间。

第三节 大力推动国际节展等体验式媒介传播

在传播领域中，体验式传播是有概念、有策略、有目标并以活动为主线、以体验为重要手段的传播方式。在体验式传播过程中，人们在现场活动当中深度接触文化信息，使得他们对于传播的内容与内涵在体验的基础上形成认同、接受、喜爱的情感，然后自发地再向更多的人传播，从而达到一定的传播影响效果。体验式传播媒介很广泛，所有能够想得到的、各种形式的都可以成为信息的载体，再加上充满创造性的创意策划，传播效果往往很突出。当体验式媒介传播与新媒体传播结合在一起时，则会发生更强的传播效果。

因此，体验式媒介传播是文化信息传播中一种有效传播方式，是实现文化信息有效传播的最直接、最有效的途径。《北京市国民经济和社会发展第十二个五年规划纲要》指出，"实施北京国际艺术节海外推广计划，系统策划文艺演出季，创办北京国际电影季、北京国际儿童艺术节、北京国际图书嘉年华，重点办好北京新年音乐会、北京国际音乐节、北京国际戏剧舞蹈演出季、相约北京联欢

活动等品牌文化活动，更好发挥文化传播作用。多种方式开展国际文化交流，吸引国际一流文化项目落户北京。"

一、把节庆会展作为文化国际传播的平台

通过举办大型国际节展、节庆活动、文化活动进行北京文化信息传播，推介传播北京文化、民族文化。更多地积极参与国际节展交流活动，比如国际性书展、国际文化论坛活动、国际学术会议等，拓宽北京文化信息的传播渠道与文化影响力。学习与借鉴"巴黎国际时装节""巴西圣保罗狂欢节""西班牙斗牛节"等世界著名节庆展演盛事的成功之道，策划打造能够在世界具有知名度的、具有首都北京文化特色的大型文化艺术节活动。对北京现有的"国际旅游文化节""798艺术节"等文化活动进行升级打造，扩大规模，提升品质，与国际化接轨，使其成为既有北京特色又有国际影响的文化艺术节。

利用我国传统节日如春节、端午节、中秋节以及国庆节等重要节日，举办既具有丰富文化内涵又具有娱乐性和参与性的国际节庆文化交流活动，增进世界对北京的了解。以节日庆典为契机，挖掘节庆日的文化内涵与文化内容，开展国际文化交流活动。节庆日传承着我国文化优秀的民族传统，富有丰富的精神内容与意义，应通过一系列相关文娱活动的策划与设计，把它们充分地展示与表达出来，能够更多更好地让世界理解。还可以在这样的节庆日，选派部分优秀展演团组到海外展演，通过这种比较直观感性的形式，让世界人民身处其境地了解我们的文化以及当代风采，在轻松快乐的交流形式中增进与世界人民的感情，将我们的文化理念传达出去，使更多的国际朋友能够真切地接触到中国文化，在情境中理解我们的文化，从而使得我们博大精深的文化内容通过更容易理解、更亲切的方式传播到世界各地中，提高中华文化的感染力与影响力。

同时，重视在国际著名的艺术节、电影节、电视节、博览会和书展等平台展示自己文化的机会，精心挑选参展内容和文化产品，认真组织参展参演工作，积极对北京文化产品和文化服务进行海外推介，并加强与驻外机构联手合作，通过各种形式与渠道推介北京文化产品，与此同时，积极拓展民间文化交流合作领域，鼓励民间组织、民营企业和个人投身对外文化交流活动。此外，利用好商业性展演、展映的平台，展现北京文化的深厚底蕴与实力。开展北京与世界各地友好姐妹城市间的文化交流合作，通过与具有良好信誉与优秀资质的国外演出商合作，将北京文化艺术展演活动更多地推向国际舞台。

二、树立北京自己的节庆文化品牌

　　北京作为国际文化交流中心，理所应当拥有北京特色的国际文化交流平台。目前，北京已经多年成功举办北京国际电影节、北京国际音乐节、北京国际文化旅游节、北京当代国际艺术节、香山红叶节等一系列大型文化活动，具有一定的国内外影响，打开了国内外知名度，在活动组织与活动内涵方面更加注重精心设计，取得了较好的社会效益。与此同时，北京的节庆活动尚有继续提高的空间。冠以文化节庆知名的活动比较杂，有的节庆活动缺少高品质，活动内容名不副实，没有真正国际间的文化交流，对北京文化发展与传播也没有明显的促进作用，在某种程度上削弱了节庆活动的吸引力与关注度，对一些重大节庆活动的吸引力也造成了一定的影响，没有形成完善的、规范的节庆活动市场，缺少高品质、能够代表北京城市文化水平的节庆活动品牌。大部分节庆活动直接经济效益都较低，效益观念与市场机制都没有得到充分体现，制约可持续性发展的节庆活动，从而对提升节庆活动的品质与影响力产生了直接影响。北京的文化节庆活动与世界知名国际城市的节庆活动相

比，客观上说，还存在规模小、国际参与度不高、形式单一、层次低与文化贸易逆差大、需要政府扶持等问题，在国际节展市场上不具备竞争实力。面对这样的现实，北京节庆展演活动除了需要政府的必要扶持之外，还要形成市场化运作方式，打造具有北京品牌的标志性大型文化节庆，通过持续的国际市场推广将其打造成为世界级文化品牌，使其成为北京文化信息传播的体验式交流平台。

北京应把握世界文化发展趋势和国际文化交流新形势，放开思路，通过社会各方面力量，积极拓展国际文化传播的新方式、新渠道和新途径，不局限于演出、展览为主的交流方式，多参与国际多样化的多边交流活动，比如，利用世界知名国际性文化艺术节这样具有国际影响力的展示平台，选派优秀项目、团体或者个人参加多种艺术形式的表演或者比赛，将北京文化、民族文化以及文化艺术展示给世界。要重视构建深层次文化沟通桥梁，鼓励学者、专家广泛参与国际学术交流，多参加国际学术研讨会、报告会，充分发挥专家学者优势，同国际社会进行更深层次的文化交流，传播北京文化、中华文化。

三、开发特色鲜明的文化旅游产品作为文化传播新载体

从北京城市的自身特点来看，开发文化旅游产业是北京城市形象传播、推动北京文化"走出去"的重要途径。《北京市国民经济和社会发展第十二个五年规划纲要》指出，"为游客感受文化魅力更好服务。拓展旅游的文化传播功能，充分挖掘皇城、胡同、老北京等特色资源，开展文化旅游和创意旅游，不断推出丰富多样的旅游线路和旅游产品，打造能轻松自由漫步的街道，鼓励剧场、演出单位与旅游企业广泛开展演艺剧目运营合作，使国内外游客更好地体验感受首都文化魅力，成为首都文化的传播者。大力发展老字号和传统京城小吃等饮食文化，积极引进国内知名菜系和餐饮品牌落

户，广泛引进世界美食，使北京成为餐饮文化荟萃、知名的世界美食之都。"

北京旅游部门、文化部门应协调合作机制，整合旅游资源与文化资源，进一步将旅游与文化有机结合起来，对城市旅游重点地区进行统筹规划，突出北京文化的地方特色，面向海外国际市场开发特色旅游产品，促进本地旅游文化与国际对口区域旅游文化的合作与共同发展，带动双方文化旅游业交流，促进北京本地文化旅游业的国际化发展，以文化旅游业带动北京城市形象的宣传，推动北京文化的国际输出。

第四节 打造国际文化艺术传媒集聚区的北京品牌

综观作为国际性文化艺术中心的世界城市，都拥有著名的传媒集聚区或者文化艺术集聚区，比如纽约艺术家聚集区苏荷区、格林威治村。发展北京文化信息传播，要着力打造属于北京并在世界享有名气的传媒集聚区、艺术家聚集之地和艺术创作基地，发展繁荣北京文化，成为与国际文化艺术前沿领域对接、进行国际文化交流的一个集聚区。北京在城市建设中有必要在城市总体规划中为文化传播留下这样的空间，通过政府引导与管理以及市场运作的方式推动造就北京传媒集聚区和文化艺术基地，吸引全国和全世界相关高级人才汇聚于此，形成具有规模的文化信息发布与集散效应。文化艺术传媒集聚区作为北京文化艺术发展最有影响力的场域，不仅仅是在空间上的单纯聚集，更是北京城市的文化聚集，能够成为北京城市文化的标签与文化地标，而易于被人们识记，并且也代表了我国文化艺术发展现状的最高水平与当代文化艺术发展的方向。集聚区的每一次文化艺术活动，都会形成一种具有广泛影响力的辐射场域，承载与传播大量的文化信息。

一、把文化集聚区淬炼成文化传播的新场域

2006年，北京市首批认定了10个文化创意产业集聚区，即中关村创意产业先导基地、北京798艺术区、北京石景山数字娱乐产业示范基地、大兴国家新媒体产业基地、北京潘家园古玩艺术品交易园区、中关村科技园区雍和园、中国（怀柔）影视基地、宋庄当代原创艺术与卡通产业集聚区、北京（DRC）工业设计创意产业基地。2008年，北京市再次认定了第二批11个文化创意产业集聚区，即北京CBD国际传媒产业集聚区、清华科技园、顺义国展产业园、琉璃厂历史文化创意产业园区、酒仙桥北京时尚设计广场、惠通时代广场、前门传统文化产业集聚区、北京欢乐谷生态文化园、通州台湖产业园北京出版发行物流中心、北京（房山）历史文化旅游集聚区、北京大红门服装服饰创意产业集聚区。2010年3月北京市认定了第三批两个文化创意产业集聚区，即首钢二通厂中国动漫游戏城、北京奥林匹克公园。2010年11月北京市认定了第四批7个文化创意产业集聚区，即八达岭长城文化旅游产业集聚区、古北口国际旅游休闲谷产业集聚区、斋堂古村落古道文化旅游产业集聚区、中国乐谷—首都音乐文化创意产业集聚区、卢沟桥文化创意产业集聚区、北京音乐创意产业园、十三陵明文化创意产业集聚区。

北京文化产业集聚区，覆盖的范围和领域广泛，体现了北京所具有的深厚文化积淀优势和城市现代化发展的特色，这其中包括了网络、计算机、影视文化、新兴传媒文化、动漫设计等以数字技术为基础的北京现代化文化产业，同时包括传承与弘扬北京文化底蕴的老字号、传统街区等升级版传统产业，还包括近年来涌现出来的时尚前沿文化，出版物流等现代业态。文化集聚区基本涵盖了北京文化产业的主导产业和主要门类，每个集聚区都具有自己鲜明特色，形成一定规模，对产业类型进行了合理布局，对相关文化产业发展的集聚带动辐射作用非常明显,由此带动了北京文化产业的发展,已经成为北京文化建设发展与"走出去"的重要依托,提升了北京城市文化在国内外的竞争力和影响力。

北京各区县都将发展文化产业作为工作重点之一,打破了区域隔离,加以整体规划,并根据各区县的实际情况,确立与发展适合本区县的文化产业发展重点和文化产业特色,形成具有鲜明特色、竞争优势的产业集聚区,因此北京在全市统一规划下形成了各区域特色文化集聚区错位竞争的局面,扩大了北京城市文化的国际影响力,提升了北京城市文化形象和城市文化软实力。

在北京众多的文化产业集聚区中,798艺术区是知名度最高与最为典范的,代表了中国乃至亚洲先锋艺术的前沿,成为世界上最著名的艺术集聚区之一。798艺术集聚区的所在地是工业文明时代遗弃的生产无线电产品的旧厂房。北京文化创意产业的发展使得这块因为产业结构调整与产业转型而逐渐没落的地带焕发了新的生命力和活力,并发展成为全国著名的当代艺术集聚中心,成为世界了解认识中国当代文化艺术的一个重要窗口。来自全国乃至世界各地的知名文化艺术人士在798发布作品与举办展览,迅速提升了798集聚区的影响力和知名度,北京城市文化形象与文化价值因为798文化创意产业发展的带动而获得提升。目前,798已经成为北京市的一个重要旅游目的地,成为文化北京新名片和载体,在世界具有一定的知名度。据统计,入驻798艺术区的文化创意类机构现已有400多家,分别来自美国、法国、意大利、荷兰、西班牙、德国、日本、比利时、韩国、丹麦、荷兰、希腊、中国台湾、中国香港等国家和地区,涉及的产业领域涵盖文化艺术类、展览展示、影视出版发行、传媒、网络文化类、休闲娱乐类和设计咨询类等。随着在国外的知名度与影响力的不断提升,吸引了美国佩斯画廊、比利时尤伦斯当代艺术中心、西班牙伊比利亚当代艺术中心等国际大型传媒艺

术机构纷纷入驻园区。目前，园区就业人数已逾万人，随着集聚区规模的不断扩大，798艺术区已逐渐发展成为国内最大的现当代艺术展示交易中心与亚洲最有影响力的当代艺术集聚区。

798艺术集聚区影响力不断扩大，已成为中国当代艺术的风向标，海内外几百家媒体对798集聚区和艺术节进行报道，成为世界了解中国艺术文化的一个窗口，产生了较大的国际传播力，多次被美国《纽约时报》《时代周刊》等具有国际影响的世界媒体关注。2003年，美国《时代》周刊评选798艺术集聚区为全球最有文化标志性的22个城市艺术中心之一。美国《新闻周刊》因为798艺术集聚区的发展显示出北京作为世界之都的未来潜力，而评选北京为2003年度12大世界城市。而因为同样的理由，2004年北京被美国《财富》杂志评选为世界最有发展性的20个城市之一。798成为北京城市的名片，融合了中国艺术精神与西方先锋艺术精神，既具有中国文化品质又具有国际文化艺术前沿特色，它的影响力正在向世界延伸，成为北京面向世界展示自己的渠道和载体，增加了北京文化的魅力。

继798艺术集聚区之后，北京又陆续兴起了其他艺术聚集区，其中具有代表性的有宋庄原创艺术集聚区、一号地国际艺术区等。宋庄原创艺术集聚区以艺术原创为特色，被称为"画家村"，随着艺术家不断聚集居住于此而逐渐形成规模和影响力，成为我国最大的原创艺术家聚居群落。多年的发展，宋庄集聚区已由原来单纯的艺术家居住性聚集逐步发展为包括原创艺术家画廊、批评家和经纪人等更具有包容力的艺术集聚区，发展成为与美国的SOHO、法国巴黎的巴比松、德国的达豪等知名艺术集聚区相提并论的世界著名原创艺术集聚区。宋庄艺术集聚区已经形成集现代艺术作品创作、展示、交易和服务为一体的艺术品市场体系，产值在2.5亿元以上，相关配套文化产业和服务行业以及基础文化设施也随之呈快速发展趋势。

北京在有效利用历史文化资源，形成具有北京地方特色的历史文化旅游新空间方面也做出一定成绩，比如什刹海、烟袋斜街一带属于北京历史文化保护区范围内的老城区，逐渐将这一带发展成文化酒吧聚集的以休闲娱乐为主的北京文化景区，使得老城区焕发出时尚光彩与新时代活力，从原来内向型的居民居住聚集空间转换成以城市文化服务为主的外向型文化娱乐空间，集商业服务功能和文化娱乐功能于一体，为老北京文化空间赋予了北京城市文化新内容，以文化休闲娱乐为主的创意文化给老北京胡同以新的活力与展现机会，成为北京城市国际化功能体系中的一个重要组成部分，什刹海文化休闲娱乐产业的成功开发为这片老城文化区注入新的文化内涵和现代文化的时尚感，融合北京传统文化的原真性，形成了韵味独具的北京城市文化空间，吸引大量国内外游客来感受北京文化的魅力，弘扬了北京文化乃至民族文化。

我们看到，除了798艺术集聚区、宋庄"画家村"、什刹海老北京文化旅游区之外，北京还有一号地艺术园区、酒厂国际艺术园区、草场地艺术区、索家村和费家村艺术村落、环铁国际艺术区等十余个文化艺术集聚园区，其中大部分集聚区已经发展成为功能相对完善、生产性和消费性相结合的文化艺术产业聚集区，其文化效应对外界形成一定的影响力，在文化市场具有一定的知名度。总的来说，文化艺术集聚区相对集约化的经营更有利于文化品牌与文化形象的形成，更容易引起社会的广泛关注，对北京发展文化信息传播的重要性不言而喻，提升了城市文化形象与和文化实力，社会效应辐射国内外，从而产生巨大的文化影响力，使北京文化艺术为世界所瞩目。

二、国际传媒产业集聚区前景广阔

位于北京商务中心区的北京CBD国际传媒产业集聚区，是CBD

产业布局的发展重点，经过多年努力已经取得跨越式发展，形成特色鲜明的传媒优势，引起国际传媒界的关注。

北京CBD文化传媒产业包括新闻出版、影视广播、广告会展、软件、网络及计算机服务等产业领域。据统计，CBD中心区聚集了包括《人民日报》《时尚》《北京青年报》等众多高端新闻出版行业机构，数量为108家，上缴税收总额7256万元，随着CBD东扩新闻出版企业增加到126家；CBD核心区拥有50多家广播、影视企业，东扩后将超过60家，2010年上半年实现税收1646万元；随着中央电视台、凤凰卫视、北京广播电视台等专业而强势的传媒入驻CBD，将会形成强大的辐射效应，带动相关配套企业的发展，目前其产业链上下游企业已经初具聚集形态。CBD及周边地区聚集了包括美联社、路透社等在内的160多家国际新闻媒体以及CNN、BBC等40多家国际传媒机构，具备优越的涉外资源与文化信息资源，是全国国际文化传播枢纽。2010年上半年，北京CBD文化传媒企业共纳税3.67亿元，占CBD的5.14%；企业总数共2293家，占CBD的8.8%。广告会展经济效益突出，2010年，实现税收1.62亿元，占CBD总税收的2.27%。广告会展企业数量为1227家，占文化创意产业的70.2%，占CBD企业总数的4.7%。此外，100多家外资金融机构代表处、30多家金融总部，还有包括中国传媒大学、中国社会科学院新闻研究所等众多教育科研机构等汇集于CBD区域，确保了CBD传媒产业区拥有良好的资本储备与稳定的专业劳动力资源。[5]

文化信息传播发展需要有良好的市场土壤与商务文化环境，CBD集中了众多国际高档商务酒店、写字楼、公寓，集娱乐休闲、购物饮食、教育医疗于一体。CBD中心区汇聚了近2000家跨国公司和150家世界500强企业，大量商务活动需求为传媒文化产业积蓄

5《北京CBD国际传媒集聚区》，2011年1月30日，中国经济网：http://www.ce.cn。

了广阔的市场空间。北京CBD传媒文化产业区正在推进重大项目的建设，有作为中国电影产业品牌形象和运作基地的中国电影大厦，将聚集国内外优秀电影企业入驻，集聚电影业高端人才，使CBD成为中国电影展示与发布基地；实施传媒孵化器工程，培养与扶助中小传媒企业成长，引导传媒产业健康发展，完善传媒产业链等。此外，北京CBD文化传媒信息发布交流平台建设，能更好地发布传媒文化产品信息，让文化生产资源通过市场手段进行合理分配，从而使得CBD区域内文化创意产业协调合作，形成推动影视新闻文化等信息传播发展的合力机制。

北京CBD传媒产业集聚区重视引进龙头传媒企业和中介组织，加强传媒产业链建设。重点引进包括湖南电广传媒、美国PPI影视广告公司等国内外传媒龙头企业、规范的影视中介企业及世界电子商务网等交易机构，推动在CBD区域形成文化创意交易中心。将入驻CBD的国内外大型传媒集团、国内外大型新闻媒体办事机构等龙头企事业单位以及国内外一流中介咨询、专业交易类公司作为重点扶持对象，在政策咨询与投融资申请等方面给予优惠服务。

从实践来看，北京打造国际文化艺术传媒集聚区，形成了积极的正面效应，北京文化艺术传媒集聚区已经成为国际化程度最高的文化艺术集散地，成为世界水平文化艺术发展的风向标，吸引了海内外的热烈关注，掀起了比较大的国际反响。北京文化艺术传媒集聚区的建设与发展有利于提升北京乃至我国的国际形象，符合提升城市文化软实力加强国际城市竞争力的趋势与需要，对把握国际文化艺术前沿动态、传播我国文化艺术以及促进文化艺术多元化发展都起到无可替代的作用。

第五节 公共文化建设促进文化信息传播

北京要发展文化信息传播，首先要全面建设城市文化，培育北京成为文化的国际竞争主体，将北京建设为文化生产中心、文化交流中心、文化消费中心，促进北京文化产业国际化发展，打造北京知名文化品牌，扶持北京地方具有国际竞争力的大型文化企业成长，增强北京城市文化的国际辐射力，打造北京国际城市形象，提高北京城市国际地位，而这些都离不开北京公共文化服务的建设与发展。

一、城市公共文化是城市精神的外化和显现

公共文化与城市传播能力关系密切，一个城市公共文化在细微之处传递了城市内在精神，反映了一个城市的文化活力。公共文化是一个城市文化的物化反映，向外界传递着这个城市的文化信息。因此发展文化信息传播，不能忽略北京城市公共文化建设，因为北京的文化内涵、城市品格和城市精神，都在具体的公共文化建设与服务上体现出来。

城市公共文化空间是由城市文化创造的，其本身便是文化信息传播的载体，体现出城市的文化传统、价值理念、城市活力以及公民人文素质等。公共文化主要由政府组织建设，属于为公民提供基本文化需求的体制化文化，但是其具有自身的灵活性，可以为城市文化创意产业提供活力与资源。比如城市的展览馆，不仅仅是作为展览之用，还可以将相关影视、文化产品销售乃至餐饮服务等搬进展览馆，带动周边文化产业，聚集人气，某种程度上成为文化旅游的集散地，成为传递城市文化信息的一个窗口。

借助文化发展城市是国际认同的城市发展趋势，利用公共文化增加城市国际传播能力是城市国际化发展不可缺少的部分。公共文

化因为有政府提供规划、整合、资金、人才等方面的支持，而具有发展优势。从现实来看，对发展文化产业的重视程度明显高于对建设公共文化的重视程度，这是缺少城市文化发展战略眼光的表现，轻视公共文化建设不利于一个国际性城市在意识形态和价值理念等方面的感性传递，还容易造成过度重视资本运作而侵蚀了文化的社会功能。

二、以彰显个性为北京城市公共文化建设重点

具体到北京城市公共文化建设，一方面要对城市历史进行深入挖掘，既重视对历史文化的保护也要善于利用历史文化，以充分体现城市文化内涵，体现城市的历史深度。特别是对北京城市公共文化空间的开拓与设计，特别要突出文化性与历史性，能反映北京城市的文化意蕴，注重历史文化的发掘与文化信息的传递，北京城市公共文化的建设要和北京城市历史文化相结合，体现北京城市独特的历史文化魅力，这样才能在世界上具有鲜明的特色。另一方面，北京公共文化建设要体现创意，体现国际化意识，为公共文化注入活力。北京公共文化的建设首先要满足公众需求，要体现自己的创意，体现时代性与国际性，并根据历史渊源、区域位置、地方文化的不同形成具有北京味道的文化特色，与世界其他大城市形成差异化对比，对北京文化信息传播将起到积极作用。

北京还要下功夫对公共文化建设进行规划，打造立体的城市文化。一个城市的公共文化建设如果是彼此没有联系的、散落式的，就难以形成群聚效应，其社会影响力也就偏弱。跟文化产业相同，公共文化的发展也具有集群效应，对基本公共文化设施建设，不仅要在财政上多投入，在资金使用效率和资源整合力度方面做好前期规划，而且需要对公共文化设施的建设地点、建设风格、建设方式等进行全局式规划，并在形成一定规模的时候，进一步将公共文化

建设推向多类型、多模式、多形态，形成鲜明城市文化风格，成为世界城市群中具有鲜明文化标签的国际性大都市。

北京还要加强建设公共文化软设施。公共文化设施是有形的，而公共文化软设施则是无形的，即公民的精神状态、道德风貌、言行举止和人文素养等，也就是说每一个身居北京的公民个体，其本身也是北京文化信息传播的载体。目前，北京基本的公共文化设施有了一定规模，现在需要特别重视北京城市公共文化软设施的建设，可以通过丰富多彩的文化活动提升市民文化修养，通过日常生活实践倡导健康生活方式和良好精神状态，在首都精神文明建设中逐渐提升市民素养，让公民个体能成为北京文化信息的积极传播者。

第四章
大数据时代北京社会性媒体
的传播与管理

　　"大数据"（Big Data）一词越来越多地被提及，人们用它来描述和定义信息爆炸时代产生的海量数据，并命名与之相关的信息技术发展与创新。维克托·迈尔·舍恩伯格所著《大数据时代》一书开启了大数据系统研究、预见互联网趋势的先河，受到社会各界的广泛关注。首先，大数据带来的信息风暴正在改变我们的生活、工作和思维，是人们获得新认知、创造新价值的源泉，还可能改变人们与社会组织之间的关系。大数据的核心就是预测，我们可以分析处理整群数据，而不再大量依赖随机采样。其次，面对海量数据，我们不再热衷于追求精确度。再次，和因果关系相比，更关注相关关系。只要知道"是什么"，而不需要知道"为什么"。因此，决策将更多地基于数据、分析和事实，而更少凭借经验和直觉。[1]

1　马兵：《大数据时代舆情服务的机遇与挑战》，《中国记者》，2013年第06期。

第一节 大数据时代北京网络舆情分析与疏导

我国互联网正以庞大的体积规模和数据流，昂首迈入"大数据时代"。根据中国互联网络信息中心发布的第32次《中国互联网络发展状况统计报告》显示，截至2013年6月底，我国网民规模达5.91亿，如此庞大的网民基数在日益互动的网络时空下，产生的信息数据有多么庞大就可想而知了。基于数亿网民和浩如烟海的网络言论，网络舆情的发展也必然呈现出新的特点。

一、大数据时代北京网络舆情新特点

网络舆情，是社会舆情在互联网空间的映射，是通过互联网传播社会舆情的一种直接表现形式，公众对现实生活中某些热点、焦点问题所持的有较强影响力、倾向性的言论和观点。传统意义上的舆情获取、收集只能通过社会调查访问等方式进行，获取效率低下，样本少而且容易有失偏颇。随着互联网的发展，大众往往以信息化方式（如博客、微博、BBS论坛、SNS社区网站或各类即时通讯软件）发表各自看法，互联网产业经过20多年的飞速发展，已成为大众思想文化信息的主要集散地和社会舆论的放大器，以互联网为代表的新兴媒体的社会影响力已显著体现。随着时间的推移，累积为庞大的数据群，倘若有效应用"大数据"时代的挖掘分析技术，就可以极大地提高效率，确保精准度。数据时代网络舆情既具备网络舆情的基本特点，又会随着实践的丰富和发展而呈现出新的特点。就2013年而言，网络舆论载体，延续了微博影响力持续壮大、论坛、博客、新闻跟帖日渐式微的局面，也出现了移动互联网应用异军突起、谣言信息亟待整治等新特点。

（一）微博舆情影响舆论深度与广度

过去两年间，微博极大地影响着中国互联网舆论的广度和深度。精英与草根同台，草根诉求一经名人转发，便能成为舆论热点；媒体和记者纷纷开通微博账户，在这里找到第二"发声"通道和与受众的互动平台；商业机构尝试"微博营销"；政府组织也开始借助微博平台，塑造亲民形象，倾听民意。根据中国互联网络信息中心发布的第32次《中国互联网络发展状况统计报告》显示，截至2013年6月底，我国微博网民规模为3.31亿，微博使用率达到了56.0%。中国微博活跃用户数经历了2010-2011年爆发式增长后，从2012年开始进入了一个相对平稳的增长期。目前微博已经成为网民获取信息的重要途径之一，微博从满足人们弱关系的社交需求上逐渐演变成为大众化的舆论平台，越来越多机构及公众人物都通过微博来发布或传播信息。北京市人民政府新闻办公室开办的官方微博——"北京发布"，已经成为广大网友获知权威政务信息的重要渠道。

（二）网络民意表达开启"微信模式"

伴随移动互联时代到来，借助移动终端和网络互动社区，随时、随地、随人的"公民报道"将爆发增长，正在深刻改变社会舆论的生成机制。微信、米聊、陌陌、飞聊等移动社交应用，通过网络快速发送语音短信、视频、图片和文字，受到了年轻群体的青睐，在聊天、交友、会议和社会动员方面展现出巨大的优势。新技术媒介的发展，既扩大了网络舆论的参与人群，也便于网民随时、随地上网而提升了网络舆论的频率和强度。北京很早就对外宣布要建设"无线城市""智慧城市"，为新技术媒介的发展铺就"康庄大道"。进入2013年以来，我国移动社交软件的发展进入井喷期，移动社交网民和微信公共账号数量大幅度增长，越来越多的政务机构、主流媒体和社会名人入驻移动网络，在突发公共事件与热点话题中显示出强大的力量，刷新舆论格局。

（三）网络谣言泛滥扰乱正常的舆情生态

网友匿名发言，频繁深度交流，缺乏法律和伦理的强有力约束，因此互联网可能成为谣言和偏激声音传播的温床。虽然网友对"轻点鼠标就可以破坏社会稳定，甚至危及国家安全"的提法持怀疑态度，但应该承认，一些网络谣言，对社会秩序有损害，容易导致人心浮躁和戾气抬头。更有甚者，打着"网络公关"的旗号，大肆制造谣言，大有"唯恐天下不乱"之势。网络公关原本是指利用互联网的高科技表达手段营造企业形象，为现代公共关系提供新的思维方式、策划思路和传播媒介。然而，这个新业态却因为一些不当利益的驱使而鱼目混珠。一群以互联网发帖、回帖为主要工作的专职人员，被称为"网络水军"，为雇主在网络上造势，炒作获利，甚至有很多人还会变身为以恶意炒作、造谣和攻击对手的"网络打手"。此外，还有很多非法企业打着"舆情监测"口号，大肆进行有偿删帖，清除"差评"等工作。恶性的"网络公关"在无序的博弈中造成企业两败俱伤，对脆弱的网络生态更有不可低估的破坏作用。

二、舆情新局下的北京网络舆情引导机制探索

由上海交大舆情研究实验室和社会科学文献出版社联合发布的"2013年《舆情蓝皮书》"显示，2013年舆情走势呈现四大特点：国内社会舆情事件继续保持高发态势，国际舆情事件备受关注；微博继续位居舆论风暴中心，更多新兴媒体崛起引发舆论格局变动；各种媒体工具助力中国公民表达，网络对政治经济的影响加深；网络问政继续升温，各级政府舆论引导和舆情处理能力提升。北京市作为全国的"网都"，浓缩体现了以上四大舆情走势的特点。结合大数据时代，北京网络舆情呈现出的新特点，北京市着力转变角色增强互动，严打网络谣言，逐步推进网络舆情管理的常态化和制度化。

（一）转变执政理念，打造互动平台

2013年7月30日，人民网舆情监测室联合新浪微博共同发布的《2013上半年新浪政务微博报告》显示，全国政务微博大致形成"雁阵式"发展，以江苏、广东、北京等省市为"雁头"，四川、新疆等为"西翼"；浙江、上海、山东等为"东翼"。从地域和行业分布看，机构微博的覆盖范围也越来越大。从地域上看，内地31个省、自治区、直辖市都开通了数量不等的政务微博；从行业上看，除公安微博保持了强势增长外，各级新闻办、旅游局、共青团组织等系统也出现了越来越多的"名博"，特别是以"北京发布"等为代表的一批政府新闻办微博迅速崛起，不但拥有了百万级的众多"粉丝"，也探索出了一套政府通过自媒体实现信息发布、有序互动的新途径。政务微博除了宣讲政策和便民服务内容、营销政府亲民形象外，在突发事件中也发挥了越来越重要的作用，使用官方微博积极发声已经应成了很多党政机构的"规定动作"。

以"北京发布"为代表的北京政务微博群开辟了政府与网民之间的互通渠道，创造了更加开放的舆论空间，使网民的合理诉求得到充分表达，切实解决网民反映的热点问题，将社会矛盾化解在萌芽状态。北京市将网络舆情当作了解社情民意的新渠道，解读网络舆情蕴含的深层次现实问题，努力打造"勤关注、勤倾听、勤回应"的服务型政府，逐步形成新媒体时代的思维方式和执政管理方式，从而凝聚社会共识，促进社会和谐，形成党和政府与民意的良性互动。更为重要的是，北京市重视网络互动，时刻关注网络突发事件和热点舆情，积极利用网络与公众对话，增强政府网站的权威信息发布、政策解读功能，引导网民理性探讨问题、表达意见，通过真诚沟通，协调不同利益群体之间的关系，维护大多数群众的利益，进一步密切党群干群关系。再者，切实做到政府信息公开。必须"抓好重大突发事件和群众关注热点问题的公开，及时回应社会

关切"。对于谣言传播导致危机的舆情热点事件，更应及时通过官网、微博等主流媒体，第一时间发布权威信息，提供详尽的数据资料，客观公布事件进展、调查处理结果和公众防范措施，使谣言不攻自破，引导网民自发作出理性判断。2013年12月，"外国小伙撞北京大妈遭讹"的虚假报道被权威声音及时还原真相，有效遏制了谣言扩散，后期的妥善处理，也展现出北京市政府的严谨与关切。

（二）严打网络谣言，净化网络空间

网络谣言已经成为一种社会公害，大有愈燃愈烈之势。2013年8月，北京警方按照公安部统一部署，根据群众举报，依法立案侦查，一举打掉一个在互联网蓄意制造传播谣言、恶意侵害他人名誉，非法攫取经济利益的网络推手公司——北京尔玛互动营销策划有限公司，抓获秦志晖（网名"秦火火"）、杨秀宇（网名"立二拆四"）及公司其他成员。这伙人专门通过互联网策划制造网络事件，蓄意制造传播谣言、恶意侵害他人名誉、非法牟取暴利，曾编造雷锋生活奢侈情节，污称这一道德楷模的形象完全是由国家制造的；利用"郭美美个人炫富事件"蓄意炒作，编造了一些地方公务员被要求必须向红十字会捐款的谣言，恶意攻击中国的慈善制度；捏造全国残联主席张海迪拥有日本国籍；"7·23"动车事故发生后，故意编造、散布中国政府花2亿元天价赔偿外籍旅客的谣言，挑动民众对政府的不满情绪。

网络谣言影响社会稳定，损害国家形象，损害公民名誉权，甚至损害公民的财产安全和人身安全。同时，网络谣言的另一大危害也不容忽视，那就是网民的热情被利用、网民的正义感被亵渎。"秦火火"的供述让人明白，为什么造谣传谣者不断突破道德底线，甚至触碰法律红线——其背后隐藏着明确的经济目的。据调查，造谣传谣的利益链很长，造谣者往往伙同网络"推手公司"，甚至是一些"意见领袖"，组织网络"水军"，利用或制造热点事件，炒红一些人从中牟利；或先行诋毁污蔑，而后通过非法删帖收取大量黑钱。这也为我们每位网民敲响了警钟：如果不加甄别，盲目传播谣言，让谣言"插上翅膀飞"，结果是在不知不觉中成了造谣者的"帮凶"。

（三）推进网络舆情管理的常态化和制度化

以"微博"为代表的网络舆情载体，汇聚了中国最广泛的民意，融入微博已经成为政府及政务人员了解民众的必要方式。微博问政，重在"问"字，官民互信是双方互动的基础。微博平台是一个草根聚集的平台，"说官话、打官腔"的官样文章已经不适应于这一平台的交流。官员微博发言必须摈弃陈旧话语体系，学会个性化、人性化表达，坚持在线下更多和网友互动对话。

政府在应对海量信息爆发方面，还要避免两个倾向。首先，政府传播绝不仅仅是应对紧急舆情，许多重大的恶性网络舆情事件，并不是政府的应对技巧不足或失误导致的，而是由于平时很多应该引起重视的舆情被忽视，最终演变成恶性舆情事件。所以要掌握更多传播技巧，公务人员不能仅仅把微博当作一个作秀宣传的舞台，而应该把微博看作是一个开展官民沟通的极佳平台，不能有网友骂就避之不及。[2]

"网开一面"，还原社会真实的意见构成，是谋划和实施各项新政的前提与保障。通过观察测量网络民意与社会民意，找到改进社会公共治理的创新举措。政府更加重视网络平台建设，舆论监督的运作空间会加大；将借助互联网，调整社会关系，缓和社会对抗，实现弹性维稳和动态维稳。与此同时，在网络为主要载体的舆论场上，不同价值取向的论争会更热闹，"微博约架"等行为艺术估计还会滋生。

---

2 涂章志、刘丽文：《论网络舆情视角下我国地方政府公信力》，《北京邮电大学学报》（社会科学版），2011年8月。

第二节 微媒体舆论场域的结构与舆情引导

媒介变革的年代，互联网是这场革命的核心力量。从BBS到门户网站，从博客到微博，日新月异的新媒体正在改变着舆论生态，重塑着公共生活。在我们身边，5.91亿网民，3.31亿微博用户，每天数千万条的原创微博，构成了一幅"众声喧哗"的图景。微博以尤为迅猛的势头，正在重塑着信息传播格局和舆论生态。

一、提振官方主流舆论场的主导力和引导力

官方媒体作为社会舆论场的主导力量，必须发挥主流媒体的主体建构作用。而其主体作用的发挥，绝不是自封的，唯有与时俱进，才能有所作为。

（一）调适传播角度增强亲和力，传统主流媒体要学网络表达

官方媒体引领高扬社会主义核心价值传播，但要正视微时代舆论流向多元、分化的现实，主动放低身段，站在社会与百姓视角来思考问题，把握角度；要从尊重与落实公民的知情权、参与权、表达权与监督权的立场出发，把准时代脉搏，通达民意诉求，搭建官民互动平台，形成民意疏导最短路径；要改变官方媒体的报道方式与叙述模式，从"高、大、全、空"的桎梏中走出来，用老百姓喜欢的话、来自基层的声音，讲述老百姓的喜怒哀乐，呈现社会的多姿多彩，不断提高新闻媒体的传播力。当技术不断创新成为数字媒体的重要竞争优势时，短时间内包含网络在内的社会性媒体的效应被不断放大。网络媒体不仅改变了我国长期稳固的媒体市场格局和区域布局，而且凶猛地蚕食争夺着媒体领地，社会性网络媒体作为媒体主流和主流媒体，舆论影响力有目共睹，成为媒体格局变迁的一个最大变量。同时，传统媒体在一段时间以来边缘化危机加大，

与新兴社会性媒体话语体系的分裂成为一个自我放逐的宿命。如何改变舆论场的分裂，更好地发挥传统主流媒体的公信力优势，传统媒体急需要向新兴数字媒体学习借鉴新的"表达范式"。传统主流媒体要向网络表达学什么呢？

首先，传统媒体要学习新兴数字媒体的"新闻思维"。网络"第四媒体"出现后，各种数字媒体不断涌现，一时间博客、播客、维客、微博客、微视频乃至于各种SNS的出现，更进一步凸显了数字媒体传播的即时性、自主性、开放性、互动性特征。"人人都有麦克风"，传统的新闻生产方式被打破了，新闻发布不再是"传统媒体"机构独占的权力，一个真正众声喧哗的新闻格局诞生了。可是，传统媒体还是在自说自话，延续着传统的新闻观念、新闻思维、新闻生产方式，在Web2.0或Web3.0的传播生态环境里，传统媒体的自我分割只能是一种画地为牢、作茧自缚，因此迎合潮流的融合趋势中，传统媒体似乎赶上了新兴技术推动的这场"第四次传播革命"。但因为很多媒体是借"形"而未赋神，因此多是形神分离，即使有了数字媒体形式但也因为整个新闻生产的模式和思路还是沿袭老路，因此若就媒体传播的效果来评估考核，根本就无法和完全商业化数字媒体所具有的能量和效应比肩，和普通公众的关系也还是一种疏离状态。即使已经多年发展的依托传统主流媒体派生的重点新闻网站，与今天那些自媒体出现前并没有原发新闻的商业网站相比，根本就不是一个重量级，每天的流量大小就是最有力的明证，影响力就是媒体考试分数。另外的角度，这种状况也给新闻舆论的管理部门提出了更高的要求，必须改变全媒体传播格局下的媒体管理模式和方式，以往有效的线性管理路径已经部分失效，传统主流媒体沿袭的舆论营造模式，往往还是在传统管理引导模式下的思路，今天已经有很大部分失效。更令人难以置信的是，有些情况下传统主流媒体主观上努力实现的正传播目标却因为这种

营造积极舆论的思维定势收获了负传播效应，传播动机和效果完全背离，传统主流媒体在7·23动车追尾事故中的表现就是典型例证。因此，传统媒体和新兴数字媒体最重要比拼就是新闻思维和新闻传播模式的较量，唯有传统媒体多从新兴媒体的优势特点出发，与公众深度交融，多从普通公众处获得灵感，寻求思维的平行，才能够生产出贴近公众生活的好新闻。

其次，传统媒体要学习新兴数字媒体的"话语方式"。2007年以来，网络等各种新兴数字媒体成为舆论生态变局的最大推动者，如今每年影响全国的最重要舆论热点事件，百分百网络参与生成，微博客也替代了博客、社区和网络论坛，成为引爆舆情的最重要信息源。在此过程中，网络因为话语表达方式的"草根性"特点，自然就和接受者之间没有距离，而传统主流媒体基于长期形成的官方新闻话语表达习惯，已经形成的话语表达的繁文缛节，报道不同类型新闻的固定模式，近乎板结的话语体系。因而出现了传统主流媒体和网络等新兴数字媒体的话语体系割裂，官方认可的主流媒体的新闻生产似乎变成了一种体制内自我欣赏的游戏，百姓不关心不相信也就成了一种现实。应急状态下，需要发挥主流媒体舆论影响力、引导力的时候，也很难发挥本应该与"主流"地位相适应相匹配的效应。这里也提出了一个主流媒体的依据变迁问题：性质论还是效果论。新闻传播中传统主流媒体要回归或发挥主流媒体作用，就必须打破僵化的话语模式，回归新闻价值本身，选择与百姓能够对接的话语体系，即使严肃的政治性官方话语也一样可以采纳百姓新闻乐见的表达方式。最近，新的中央领导集体就职讲话、座谈会就都反映出了新一代中央领导集体倡导平实文风、平实作风的新气象。新华社推出的七常委人物特稿堪称是官媒首次大规模地转变文风的集中体现。特别是2012年12月26日中宣部发出《关于贯彻党的十八大精神切实改进文风的意见》，对如何改进文风作出明确规定。提出新闻报导"要根据工作需要、新闻价值、社会效果确定内容"，"善于把文件语言和学术概念转换成易读易懂的群众语言"，"适应受众接受习惯，展示媒体自身特色"。这些规定，也让我们看到了传统媒体在话语表达方式方面的变革诉求，正是一步步学习接受网络数字媒体表达方式的努力，否则要把新闻传播变成了远离公众的码字游戏，那样的新闻发展之路只会越走越窄。

再次，传统主流媒体要寻求与公众关注点的"议题交集"。除了新闻思维、话语表达方式，传统主流媒体要更好地传播资讯、引导舆论，就必须从新闻生产的本源上更加关注百姓关注点。传统主流媒体不仅是政党的喉舌，也同样是人民的舞台，要更加重视传统主流媒体的多元化功能和角色呈现。根本上讲党性和人民性是完全统一的，传统主流媒体必须时刻注意群众关心的社会热点、难点、焦点问题，既不能回避问题，更不应该在关键时候需要发声却"哑然失语"。一段时间这也成为很多传统主流媒体自我放逐的恶果，被边缘化就是必然结果。人民日报官方微薄的出现，却从另外的方面给了我们启示，甫一出现就受到网络空间海量网民的追捧，产生了意料之外的巨大社会反响。影响几何级放大意料之中的理由是，它颠覆了人们关于传统主流媒体的刻板面孔，它关注社会热点、焦点，话语表达也是清新、明快、活泼，与网络受众零距离接触，公信力和影响力很快就建立起来了。新进大批政务微博同时出现，正是减少这种"舆论场"人为差异、实现两种话语体系对接和良好互动的开始。传统媒体如果没有在"议题设置"上寻求与公众的交集，而是回避问题或还是自说自话，那恐怕难以避免被大家抛弃的厄运。传统主流媒体唯有坚守独立立场中的沟通和判断，发出权威的声音和思考，才是赢得立体化传播格局中的影响力和吸引力的必然价值选择和行动方向。

网络等各种数字新兴媒体，给予了融合发展中传统主流媒体以

更生涅槃的新机遇。正如莎士比亚的一句名言：Be or not to be is a question.只有借力新技术的魔力，包容借鉴新媒体的优势表达，不论思维还是方法，传统主流媒体才会在更高层次上重新出发，获得更大的影响力和竞争优势。

（二）先人一步，抢占话语主导权和公信力

发挥官方媒体主场优势，从被动发布、主动发布到即时发布，在同类媒体中抢夺信息首发权。建立控制渠道与非控渠道的信息通达与监测机制，提升对重大突发事件的信息收集与研判能力；对事件及时合理地跟进，动态掌握和描述事态发展，全面、翔实、客观、准确地发布有关信息，依次预判下一步动向并做好应对准备；加强与区域相关部门、线上舆论引导部门与线下处置实体部门的有机整合，集成资源优势，抓好第一落点与次生落点的新闻发布与舆情引导。

官方媒体要技高一筹，重树官方舆论场公信力。要充分发挥传统媒体的"定海神针"作用，让传统媒体全面参与事件的报道，主动核实关键信息，引导社会舆论，尽可能地为最广泛的共同体的利益服务；要缩减审批程序，为准确、及时、高效地报道新闻提供条件；要建立事发方与官方主流媒体的协作体系，形成事发方与官方主流媒体的良性互动局面，增强信息的可信度和说服力；要进行全方位集成报道，既要注重信息的深度，又要注重信息的广度，确保重要信息不遗漏，不给负面势力可乘之机。官方媒体要努力适应新媒体时代的舆论变革，抓紧实现三个转变：从立足信息发布权到掌控信息解释权转变；从意见表达者到意见平衡者转变；从社会守望者到社会对话组织者转变。

二、建立合作机制，发挥意见领袖等"第三力量"对冲力

网上意见领袖作为官方舆论场与民间舆论场的缓冲地带，如何

克服目前网上舆论的流瀑效应与群体极化效应，扩充正面理性舆论声音，要通过意见对冲，让网民既要听到党和政府的声音，更要听懂党和政府的声音。

（一）引导意见领袖理性发言，降低网上噪音分贝

运用多种手段，对媒体人士、知识分子群体等意见领袖进行分类指导；对民间意见领袖要多存包容之心，善于求大同存小异，广泛调动一切可以调动的积极因素，在可控范围内进行积极理性探讨；要积极推进微博实名信息注册，通过营运商建立微博社区公约、微博用户信用等级分类管理等措施，对不当声音适度处置。

（二）壮大"网上统一战线"，加快培育意见平和阶层

要习惯与社会"自组织"力量共处与合作，通过主动联系、提供素材、加强沟通、寻求合作等方式，充分挖掘、积极争取、引导民间微博明星，取得理解和信任，形成良性互动关系；培养一支具有较高思想理论水平、较强政治敏感性的微博"草根"队伍，团结有影响力的专家学者，在关键问题和重大事件上加大舆论引导；鼓励官员、记者、编辑、评论员，在网络"自媒体"上体察民众的利益诉求，解释政府公共治理的决策思路，从心态到语态向网民靠拢，在有效的官民互动中，积累人气和公信力，成为"平和意见阶层"。

（三）适应信息传播渗透新方式，积极抢占微博等新平台

要注重建设"有灵魂"的政务微博，使其拥有一批数量稳定、忠实可靠的"优质认证粉丝"，更好地实现政务公开、与民互动；寻求更适合微博问政的沟通方式，摒弃官腔官调，使政务微博的语言和内容贴合老百姓的习惯和口味；加强认证管理，规范官员加V认证，避免身份混淆、引起公众误解；建立官方微博政务信息首发许可机制，优先选择微博对外公布最新消息，对微博发布政务信息的范围、程序、细节等加以制度化，切实把政务微博做成政务公开

的渠道；设立属地网站管理机构，跟踪掌握本地政务微博，完善社会评价和监督制度，倡导绿色和谐网络空间；培养官员微博问政意识，强化微博问政素养。

三、从"威权舆论"到"权威舆论"：增加不同舆论场域的交集空间

马克思把舆论视为"一般关系的实际的体现和明显的表露"，而"报纸是作为社会舆论的纸币流通的"。在舆论场域多元的当下，官方舆论场如何"有能力将它的普遍命题的大钞票换成接近实事分析的小零钱"，如何实现官方舆论场与民间舆论场"社会舆论的纸币"的自由流通与兑换，如何找到"某几个整数共有因子中最大一个的公约数"，从而积极建构和谐舆论场?这是一道不得不做好的论述题。

（一）打通舆论场

要正视多种舆论场域存在的客观现实，走出官方舆论场"唯我独大、舍我其谁"的集体无意识，"发现问题症结所在，找到解决问题的有效方法，防止小事拖大、大事拖炸"。党报党刊党网党台等官方舆论场要主动观察、善于打通、及时回应都市类媒体舆论场、网络微博舆论场与群众口头舆论场的热点、焦点话题，在眼观六路、耳听八方、无缝链接、主动回应中，发挥官方舆论场引领本地、国内舆论场的独特作用；发挥国内舆论场对冲境外舆论场的作用。

（二）融通舆论场

将都市媒体、民间舆论场的及时性、广泛性和官方主流媒体的权威性结合融通，发挥官方媒体公信力强、议程设置能力强的优势，确保官方消息的畅通及时，把网民的注意力吸引到设置好的"议程"上来；要主动放下架子，让党和政府的声音进入民间舆论场，加强与群众直接交流和沟通，听取群众意见呼声，化解民怨，

疏通和激活体制机制，让社会紧绷的神经放松下来；要借民间舆论的监督功能不断警醒自己、鞭策自己，推动科学执政、民主执政、依法执政；要借民间舆论的智慧，汲取与巩固执政资源。

（三）圆通舆论场

要加强和创新社会管理，最大限度激发社会活力，增加社会现实的和谐因素。要建立网络舆情监测、突发事件应对、公共关系管理、政务微博应对等工作机制，敏感捕捉社会的痛点与难点，及时打捞社会沉没的声音；要发挥官方舆论场的权威、主流作用，主动回应网络热点，澄清真相，梳理情绪、慰藉心灵；要抓紧制定有关互联网信息安全和规范信息传播的法律法规，严格行业准入制度，明确网络运营商的主管责任，加强行业引导和行业自律，有效引导社会舆论的平和理性；要积极推动网络信息注册实名制，积极开展网络道德教育，提升网民素养，倡导绿色和谐网络空间。

官方舆论场必须在多元舆论场域中实现"威权舆论"到"权威舆论"的转变，"既发散又收敛"，既要有"公信力"，又要有"影响力"，真正发挥官方舆论场的积极作用，助推社会和谐舆论建设。

第三节 北京社会化媒体舆情管理的指标设计与测定

以社交媒体为主要代表不断普及的社交媒体技术正在重新组织与排列当今世界的社会行动、政治议程与外交博弈方式。微博微信传播中的积极作用体现在，微信使得人们的社交网络，从原有的"弱关系链接网"向基于手机通讯录的"强关系链接网"转变，从而实现了基于通讯录的全新互动。微信体现出来的融"即时化、社交化"为一体的特征，正在呈现出引爆互联网未来的发展趋势，基于移动终端，呈现跨网络、跨终端的特点使微信的传播机制与规律

都呈现出新的特点，提升了社会沟通的效率。微信具备的低资费、多平台互动、即时同步交流等技术优势，远比传统的信息沟通方式在形式与内容上都更为丰富、智能化。因此聚焦大数据时代对社交媒体中的舆情管理感知与研判的影响，我们尝试在北京社会化媒体舆情管理的指标设计与测定方面，做一点思考。

一、微博微信舆情是网络舆情管理的最新前沿阵地

关注社交媒体中的舆情管理，在研究视角方面重点挖掘社交媒体中舆情感知，在数据支持方面重点挖掘政务微博与手机微信公共平台两大平台，有针对性地探究大数据时代社会化媒体舆情管理的指标设计与测定问题。

我国政府官方微博指可以代表一级政府机构或部门，内容与政务密切相关、具权威性的官方微博，具体包括三类：第一类，政府机构微博，如某市公安局微博；第二类，政府发言人微博；第三类，以某一公共事件或主题命名的由政府开通的主题微博。但以复旦大学2011年出版的《中国政务微博研究报告》、国家行政学院电子政务研究中心发布的《2012年中国政务微博客评估报告》为代表的部分学术研究成果，都认为政务微博是指我国政务机构和公务人员以政务（或公务）名义开设的、以传播政务（或公务）信息为主的一种微博账户和内容形态，且由于主题微博涉及内容比较集中，活跃时间比较短。

同时，微信公共账号所构建的大众传播新体系和微信朋友圈所构建的社交网络体系已经形成了相当规模，其情感动员的潜力值得注意。有研究者认为，已经出现微博"大V"转战微信公共账号的端倪，与微博不同，微信平台的社交属性更强，传播更小众，观点的影响力和煽动性不容忽视。有研究者指出，越来越多的人意识到，微信将成为继微博之后另一个巨大自媒体平台，其交互式传播和传

播黏性让传统媒体望尘莫及。微信公共账号由于其传播的精准度与私密性，成为媒体人天然的自媒体试验场，为媒体人开辟"有限的公共话语空间"。微信朋友圈集实质上提供的是一个去中心化的平台，体现了一种新型的虚拟社区，基于虚拟社区的在线沟通又可以提供物质和情感上的支持。作为虚拟社区的微信朋友圈，其成员身份经过了严格的审查。在这样一个紧密连接的圈子里，成员间共享的信息、观点和其他特征的相似程度很高，共同的朋友可互见，这种高度的共享性和互惠性使得"圈子"成为一个较为私密的组织，若非征得同意，陌生人很难进入这个"圈子"，从而保证了这一群体的组织严密性和感情牢固性。从功能维度进行分析，圈子虚拟社区可以提供安全感、归属感和身份感，也可以提供信息交换和分享，之后还可以提供基于合作的集体行动。

二、社会化媒体舆情管理的指标设计

笔者认为社会化媒体平台舆情管理的指标设计与测定由政治活跃度和意见广度（包括内容的广度、意见传播的广度）构成。活跃度可理解为产生有内容博文的情况，表示特定微博每天主动发博、转发、评论的有效条数；意见传播广度（即传播力）则是样本政务微博与微信公共平台发布的十大热点事件的微博有多少被转发、评论以及微博的活跃粉丝数（粉丝大V数），还有内容的广度（即覆盖度）则与博文的覆盖面有关，即样本政务微博对本年度北京十大热点事件关注与报道。

政务微博对当前政府执政模式的改变，对公众参政议政热情的提高都带来了非常积极的影响，确定微博中影响政治活跃度和意见广度的因子，对当前政务微博的积极运营和管理都有较为重要的参考价值。政治活跃度和意见广度指标体系的提出，将拓展现有政务微博效果研究的理论模式，如何用量化的研究方法计算出具体的相

关系数是当前理论研究中缺乏的。

(一)国内外学者的有益探索和研究

从现有研究成果来看，国内学者主要从传播学、社会学、政治学、公共政策、公共管理、公共关系等学科角度开展对政务微博的传播学领域研究。传播学角度，探讨微博的传播方式、传播机制、传播特征、内容特点等，以及如何控制微博谣言传播、如何进行舆情引导、突发事件中如何利用政务微博辟谣等。社会学领域，主要集中研究微博的社会功能，即对社会文化、群体心理产生的影响等。政治学领域，主要关注微博在国内民主监督中发挥的作用，以及政务微博对民主政治建设和公共领域构建的作用。公共政策领域，主要是结合具体的热门事件分析微博对公共政策的影响及其作用机制，以及研究微博"意见领袖"如何影响公共议题走向。公共管理领域，主要研究微博运用于公共行政实践的影响及局限，以及如何改进政务微博的应用管理。公共关系领域，主要研究政务微博如何提升政府和官员形象，以及如何改善公共关系、在危机事件中如何进行危机公关。从研究方法上看，现有研究以描述性论文居多，研究内容为政务微博的基本状态，多为作者自身的观点阐述或现实案例介绍评论。主要可分为文本分析法、案例分析和比较研究这三大研究方法，量化研究相对不多。

在政务微博影响力指标体系建构方面，不同学者提出的影响力评价指标稍有不同。如人民网舆情监测室将政务微博的影响力分为微博活跃度、微博传播力和微博引导力三大指标，并将每一指标具体化为微博数、微博频率等参数；国家行政学院电子政务研究中心发布的《2012年中国政务微博客评估报告》中提出的政务微博评估指标体系中，对政务微博综合评价包括互动力、影响力、传播力、成长力四项，通过受众数、原创内容总数等内容来进行评价；也有学者认为政务微博的影响力应从活跃度、传播度以及覆盖度三个方面来评价，作者还进一步提出了影响力的计算公式：影响力=a×活跃度＋b×传播度＋c×覆盖度(abc为系数)。

国外学者关于微博活跃度研究最具代表性的成果是美国学者谢尔·以色列的《微博力》一书，该书讲述了人们在公司总部以及全球性企业中使用Twitter的故事，旨在挖掘除社交功能外其巨大的商业价值和社会价值。最早提出政治活跃度和意见广度概念的是美国学者保罗·F·拉扎斯菲尔德，他在《人民的选择——选民如何在总统选战中做决定》一书中，涉及用政治活跃度指数和意见广度指数来衡量美国选民在总统大选中所反映出来的政治参与程度和意见广度。书的附录部分，拉扎斯菲尔德介绍了各指数的构成，其中政治活跃度指数指的是选民的政治兴趣和参与活动的程度，他通过"近期您试图劝服过某人接受自己的政治观点"等三个问题指标化并赋予分值，来分析选民对参与指数的贡献。而意见广度指数所在乎的并不是他们的观点是什么，仅仅在于选民是否有观点。他通过对固定样本组和控制组各问了5个问题，如果每个受访者对每个问题都表达了观点，即可得到5分，每回答一次"不知道"则会失去一分，再通过每个受访者的得分深入观察他的"意见广度"。

（二）研究内容与指标建构

主要内容包括：(1)我国政务微博发展的现状梳理及问题剖析；(2)国外微博发展影响力与传播力的衡量体系参考；(3)提出我国衡量政务微博的政治活跃度和意见广度的指标体系并进行评估测量；(4)提出一系列政务微博运作意见和建议。

社会化媒体舆情管理的指标设置

	一级指标	二级指标	指标说明
政治活跃度	传播力	原创内容发布数	选定时间内,发布多少条原创微博(是否有剔除该部门账号所发的与部门业务无关的微博)
		总评论数	选定时间内,评论多少条微博
		总转发数	转发的与本部门事务相关
	影响力考察政务微博监督和引导的功能	发布数	率先发出的监督性、求证性微博数量
		获得回应数	率先发出的监督性、求证性微博获得直接回应的数量
意见广度	内容广度	对重大事件关注度(2012年十大微博热点事件)	对重大社会新闻、时政要闻、突发事件、领域内重大决策等信息的发布、转发、评论的微博数量
		意见指向	经常@的部门(了解指定微博除了本部门事务外最关注的领域)
	意见传播广度	认证粉丝数	被运营方认证的(加V)的粉丝数量
		粉丝数量	关注该微博的粉丝数
		总被转发数	涉及十大事件的内容的微博被转发数
		总被评论数	涉及十大事件的内容的微博被评论数

（三）主要内容及指标测定

1. 研究思路：整个研究过程主要围绕理论和实践两方面展开，一方面，考察在社会化媒体环境中，“议程设置理论”“框架理论”“意见领袖”“把关人理论”“两级传播理论”“二次传播”“传播过程模式论”等理论，在新媒体环境中的普适性问题，并根据新的语境对其进行新的阐释。借鉴融合“社会网络理论""小世界模型理论""社会情绪理论""社会认同理论"等跨学科知识，以丰富当前学术界对政务微博的文本话语体系、传播效果、既有政治倾向等研究成果。

掌握政务微博影响力发生机制，丰富新媒体环境下的社会管理体系。厘清政务微博传播中涉及的各种关系，探索信息的传播过程、特点和模式，探析其中隐匿的群际情绪的作用机制，丰富现有的社会管理体系，并为管理部门有效利用政务微博的积极作用，提供对策和建议。

2. 研究方法：研究中要综合运用文献研究法、质化研究法和量化研究法等。文献研究法找到国内外衡量的指标，对现有的研究成果进行梳理；量化研究对样本微博进行分析，质化研究对政府政务微博工作管理人员进行访谈对成果进行检验。

第一，样本选择和分析。

样本选取：鉴于截至2012年12月20日，新浪网、腾讯网、人民网、新华网四家微博客网站共有政务微博客账号176714个，数量庞大，所以本研究选择研究对象选自《2012年中国政务微博客评估报告》中评定出的党政机构和公务人员政务微博排名前100名。依据随机数表1和排名相对应的数字进行选择（如随机数表上是68，则选择排名第68位的党政机构政务微博），如果后几次所选取的数字与之前相同则重新选择，确保选取的样本覆盖全国东、中、西部地区。同理，选择公务人员政务微博。（另外还有新浪微博每天公布的政府影响力榜，有按行业来分别排名。但是这个排行榜没有将公务人员的微博算在内。http：//data.weibo.com/top/influence/govern）

样本时段：若研究涉及选定微博对年度十大网络热点事件的关注情况，所以时间跨度可以设定为一年。2013年1月1日零点至2013年12月31日24时。

分析内容：根据设定的意见广度和政治活跃度指标来对选定微博进行信息统计。

第二，分析方案。

要根据设置的指标，对政治活跃度和意见广度的高低设定一个评判标准，那每一项指标是不是都要有一个区分高低的数字来衡量呢？

比如说对十大热点事件：

涉及事件数（北京十大社会热点）	意见活跃度
0	无
1-3	低
4-6	中
7-10	高

第四节 个案分析：舆情传播机制与政府危机管理变革 ——以京温商城女孩跳楼事件为核心

2013年5月3日，北京市京温商城一女孩坠楼身亡。但想必连她自己也没想到，自己的选择竟引起一场群众性聚众闹事事件。本案例欲借该事件分析网络舆情传播机制周期的四个阶段，并提出政府在面临管理危机时的具体措施。

一、"京温商城女孩跳楼事件"始末

一桩普通的案件，经过网络谣言的散布、传播，逐渐演变成一起后果严重、甚至妨害公共安全的聚众滋事事件。网络谣言，已严重破坏了互联网时代的社会秩序。

5月3日，安徽女孩袁丽亚在北京京温商城坠楼身亡，警方迅速展开调查并确定其自主坠亡的真相，排除被侵害的可能性。北京警

方也依法将案件真相通报给死者家属，并提供了相关视频材料。然而，在此期间，袁丽亚同乡马某却在互联网上组建了多个近千人的QQ群，散播"女青年离奇死亡""被保安先奸后杀"等大量谣言，并煽动广大网民帮助死者亲友"讨说法"，此举对网络秩序及社会稳定造成了极大的危害。

经过网络的发酵与传播，这些谣言直接导致5月8日一些不明真相的群众在京温商城门口聚集，部分不法人员扰乱公共场所秩序和交通秩序这一恶性事件。

北京警方迅速安抚群众情绪、恢复现场秩序，并对在网上造谣煽动及扰乱现场秩序的违法犯罪行为开展侦查。经调查，犯罪嫌疑人彭某（系死者袁丽亚男友）在袁丽亚自杀后，因对京温商城善后处置不满，利用互联网造谣传播袁丽亚"离奇"死亡等不实言论，煽动同乡帮助向商城"讨说法"，导致广大网民对警方产生了极大的怀疑和严重的不满；犯罪嫌疑人耿某（系袁丽亚同学）伙同彭某利用互联网煽动组织聚众闹事；犯罪嫌疑人胡某、汪某、万某（系袁丽亚同乡）等人利用互联网捏造不实言论、传播谣言。

警方在查明事实后立即对彭某等13名犯罪嫌疑人进行了抓捕。目前，13名犯罪嫌疑人对违法犯罪行为供认不讳，现分别涉嫌聚众扰乱公共场所秩序罪、寻衅滋事罪[3]。

二、舆情传播机制的构成与联动

此次事件从最初危机事件的认同和网络舆情的酝酿，到危机事件不断被网民关注，并在好事者的主动煽动下，裂变扩散，再到网民被持续动员将危机事件舆情推向高潮，最后运用媒体策略主动控制、警方介入抓捕犯罪嫌疑人等方式使舆情衰变，一次政府管理危

---

3 李娜：《打击侵害公民个人信息和网络谣言系列报道之三不做网络谣言的"麦克风"》，《光明日报》，2013.6.1第1版。

机得以平复。它完整体现了政府危机管理事件中网络舆情的传播机制及机制之间的联动过程。

（一）网络舆情的酝酿机制：跳楼事件发生之后

昔日孝顺温婉的安徽女孩袁丽亚竟在京温商城和往常一样的忙碌早晨里，被发现跳楼自杀。于情于理，相信大多数人都不会很快接受。这也就立刻激起了京温商城的打工者甚至广大网民的广泛关注。近年来，由于外地打工者在外地就职过程中遭遇各种不幸事件偶有发生，使得民众对这一素未谋面的女孩坠楼事件异常敏感。自媒体时代下，这一事件一经发布，就立刻在各大网站、论坛上获得不断转载。"一个女孩和一群大男人，最后女孩跳楼死亡，你相信她是自杀还是他杀？这就是在京温遇到的情况，市场中已经有保安潜逃，现在很多人猜测是保安轮奸死者后将死者弄死，还扔下楼[4]。"这是5月7号开始在各大网站、论坛、微博纷纷出现的帖子，该帖称5月3号在北京京温商城坠楼身亡的安徽籍女孩袁丽亚是被服装市场多名保安奸杀后逃下楼的，如此情节在网络上迅速发酵，仅在某论坛上这样一条内容的发帖就被点击将近200万次。"京温商城女孩跳楼事件"被网民认同，开始从传统网站转战到更加方便讨论的论坛贴吧等处。当民众对"京温商城女孩跳楼事件"产生认同，并将危机事件传播到网站、论坛和贴吧上时，酝酿机制便开始启动，关注"京温商城女孩跳楼事件"的网民开始增多，媒体的关注也随之开始。从5月3日事件发生到5月7日相关帖子被上百万次点击阅读，这是网民对事件产生认同后，酝酿机制被引爆并不断强化的结果。在"京温商城女孩跳楼事件"处于酝酿阶段，京温商城的打工者、安徽籍在京打工者以及其他在京打工者分别对此次事件表现出强烈的关注。袁丽亚是京温商城打工者中具备良好口碑的孝顺女孩，作

4 天涯论坛：《【出大事了】北京京温22岁美女离奇密室跳楼案跟踪》。http://bbs.tianya.cn/post-free-3280068-1.shtml.2013年12月。

为安徽籍女孩通过"地缘"的连接性也将广大安徽籍打工者的目光吸引到这里，而更为数目庞大的其他打工者们也同样关心自己是不是有一天也会遇到这样的下场，这些分别是以上三个人群参与事件舆情传播并更有甚者参与到聚众滋事事件的原因。

（二）网络舆情的蔓延机制：谣言散播之后

"京温商城女孩跳楼事件"被网民认同并进入酝酿阶段，说明事件已经开始被关注，并开始在一定范围内进行传播，这些都成为危机事件进入蔓延阶段的基础。而网上散布的"谣言微博"以及公安机关没能及时公布案件情况等信息成为网民讨论的主要对象。2013年5月7日，由网民"半朵天堂"在天涯论坛上发布的《【出大事了】北京京温22岁美女离奇密室跳楼案跟踪》的帖子一经发布就引起了4万多条的回复，200万次点击。回复中大多网民表示了个人对政府行政能力的质疑、公安机关的办案能力以及对京温商城负责人的不满等。"京温商城女孩跳楼事件"的网络舆情开始以裂变的形式传播开来，危机事件网络舆情的蔓延机制开始启动。

（三）网络舆情的动员机制及其联动：聚众闹事之后

事实上，2013年5月7日，聚众滋事的犯罪嫌疑人彭某（袁丽亚的男友）就和袁丽亚的亲戚一起到京温商城前拉起了"血债血偿"的横幅。但由于收效甚微，彭某便发起号召。"明天早上同一时间，继续在京温商场门前聚集。"聚集的信息和视频一经网络传播便激起了安徽人的地缘情分。"是安徽人就要顶一个！""安徽人就是不心齐，所以总被人欺负！"闹事的组织者之一万某后来回忆说看到这样的话语，他立刻感到自己与此事的距离拉近了。这表明，事件发展的蔓延机制在推动"京温商城女孩跳楼事件"网络舆情进入动员机制。蔓延机制的启动，继续推动网络舆情动员作用的产生。机制如此联动反复，深化着网络舆情的发展。网络舆情不断传播，最终造就了5月8日聚众闹事事件。事件中另一位组织者马某

回忆说：那天，他一直处于一呼百应的眩晕状态。三天之内，他打造了两个成员1000人的大群，网友们给他转发各种文字和图片，他再转发到自己的群里，获得了一种享有最大限度内幕消息的满足感。万某也处于兴奋状态，堵路！堵路！他不断写道。事后，他在看守所描述当时的心情：第一次这么近距离地了解一个事件，太刺激了!就是想看特别大的热闹场面[5]。这一系列的行为引起了各大网站及论坛的关注。这表明动员机制开始启动。

（四）网络舆情的衰变机制：真相公布之后

在"京温商城女孩跳楼事件"中，政府部门及新闻媒体联合行动采取主动控制的策略使网络舆情进入衰变阶段。案件发生之初，北京市公安局官方微博"平安北京"并未及时公布案件动态，这一次失误无疑错失了官方引导舆论走向的最佳时机，这也是导致后期形成聚众闹事的群众性事件的一个重要原因。但在彭某等人于5月7日在京温商城门前进行第一次抗议示威之后，"平安北京"迅速介入，在5月8日发布了第一条与本案相关的官方微博。同日下午，再次发布微博，公布案件动向，维护广大网民的知情权宜，但事态已趋严重，广大群众已由为袁丽亚母亲讨公道转变成个人对政府工作的不满等问题上。次日，"平安北京"再次发布微博公布警方已查明真相、袁丽亚系自主坠楼的案件结果。9日下午，"平安北京"发布最后一条与本案相关的微博，称已抓获网络造谣传播者之一的马某，这也宣告了官方媒体对事件关注已暂时告一段落。与此同时，网络舆情的衰变机制逐渐显现出来。

2013年5月23日，焦点访谈当晚的新闻报道《京温商城女子坠楼事件始末》就对此次事件的整个过程进行了详实、客观的事件还原和陈述。媒体的主动传播，对于身处网络舆情动员高潮的北京市

---

5 杨迪、刘子倩：《"袁丽亚事件"再调查》，中国新闻周刊，2013年第6期。

公安局和京温商城无疑有着重要的缓释作用，动员机制的积极作用被有效弱化，"京温商城女孩跳楼事件"网络舆情进入衰变阶段，网络舆情的衰变机制启动。大约从5月底开始，经过主流媒体的客观阐释与北京市警方的通力合作，"京温商城女孩跳楼事件"网络舆情进入衰变阶段，网民和媒体关注度下跌，直到跌出广大受众的视野。这是网络舆情衰变机制所起到的作用，最终关注度恢复到危机事件发生前的水平。

图片数据来源："平安北京"官方微博

三、网络时代政府危机管理的挑战与应对

政府危机管理是政府以突发性危机事件为目标指向，对突发性危机事件及其关联事物的管理活动，目的是通过提高政府危机发生前的预见能力、危机发生时的反应能力与控制能力、危机发生后的

救治能力，及时、有效处理危机，恢复社会正常秩序。政府作为公共事务的管理者，有义务承担控制由突发事件引起的连锁反应的责任，另一方面在社会原有秩序遭到破坏，社会处于失衡与混乱状态之时，也只有政府才有具备危机管理的合法性与能力。同时，政府应对危机的管理应该是适度的[6]。网络时代下的政府危机管理，加大了对政府行政能力的要求，是新形势下政府完善职能的表现与具体形式。

（一）网络时代对政府危机管理的挑战

根据中国互联网络信息中心（CNNIC）第31次报告显示，截至2012年12月底，中国网民规模达到5.64亿，微博用户规模为3.09亿，中国手机网民规模为4.20亿，有268万个网站，中国互联网普及率攀升至42.1%[7]。互联网的蓬勃发展使得信息传播速度不断加快，复杂性随之增加，而政府危机管理所面临的问题也现出一些新特征。

首先，传统环境下，当政府处在管理危机之时，政府通常会发挥其在信息掌控中的主动权，利用政府和公众之间的信息不对称来进一步封锁相关信息，从而实现对事态扩大形势的遏制；而网络时代，公众也开始逐渐获得信息发布的一定权力，危机信息也可以通过公众之手以快速度、广范围的形式突破政府对信息的封锁，进而传统危机管理作用逐渐衰败。

其次，公众在自媒体时代可以通过QQ、微博、MSN、BBS、博客、播客等方式进行充分的信息传播，公众实现了信息的规模效应，也对政府的相关管理部门造成相应的压力，政府在这样的大趋势下也不得不放下架子与公众进行交流与沟通[8]。

---

6 百度百科：政府危机管理，http：//baike.baidu.com/view/1661189.htm.2013年12月。

7 CNNIC：《第31次中国互联网络发展状况统计报告（2012年12月）》。

8 蒋天文、万江涛：《网络时代的政府危机管理研究》，华中科技大学公共管理学院，2009。

最后，在网络时代，公众逐渐获得信息的主动权。公众无论从信息的获得途径，还是发布的先机都可能抢在政府的前面。同时，多渠道传播的方式也使得公众真真切切地获得了对政府行政监督的权力。政府想要在网络时代下进行行政管理就必须尊重公众的选择，积极与公众合作，完善其危机管理模式。

（二）此次事件政府危机管理为何力不从心

北京市政府部门在京温商城女孩跳楼事件中未能进行良好的危机管理，具体原因如下：

1. 社会两极分化与"知识沟"的扩大。

1970年，美国传播学家蒂奇诺等人在一系列实证研究的基础上，提出了这样一种理论假说："由于社会经济地位高者通常能比社会经济地位低者更快地获得信息，因此，大众媒介传送的信息越多，这两者之间的知识鸿沟也就越有扩大的趋势"。这就是知沟理论的诞生。随着新传播技术的发展，1974年，卡茨曼提出了"信息沟"理论。这个理论实际上可以说是对"知沟"理论的放大。"信息沟"理论试图回答信息社会一个十分现实的问题，即：如何防止和解决"信息富有者"和"信息贫困者"的两极分化以及由此带来的新的社会矛盾。

网络时代的技术发展和社会进步更拉大了社会不同阶级间"知识沟"，社会不平等等问题突出。这种不平等主要表现在三个方面：一是经济分配中的不平等，尤其在收入分配方面有很明显的体现；二是政治资源和信息资源的不平等控制；三是不同宗教、民族之间的不平等。依照文化学教授让·克罗德·盖尔的警告，人类有可能分为两个等级："一个等级是可以利用网络的人，另一个等级是不能利用网络的人"[9]。

---

9 蒋天文、万江涛：《网络时代的政府危机管理研究》，华中科技大学公共管理学院，2009。

在这次群众性事件当中，安徽籍女孩袁丽亚作为一个在京务工的年轻女孩，一个弱势群体中的千千万万之一，渺小之下却蕴藏了牵动千万社会底层劳苦百姓身份认同的巨大力量。然后，公安机关在案发之后并没有充分意识到问题的严重性，仅仅当作普通的案件进行处理。这便使得政府在信息传播的过程中丧失了主动权，错失了舆情引导的最佳时机。这也给了造谣者促成事态严重的机会。社会民怨伴随着网络谣言的错误引导，勾起了大众对公平、正义的深切质问，最终引发民众对政府的集体表达。

2. 政府舆情预警意识淡薄。

如何避免不良后果，将问题扼杀在摇篮中，关键是建立健全政府危机管理机制。在这次"京温商城女孩跳楼事件"中，政府在危机急速蔓延之际，并没有充分意识到其严重程度，从而导致了次生事件接连发生，是一种政府危机管理能力不足、舆情预警意识薄弱的表现。5月3日，事件发生之后，北京市政府就应该通过官方微博"平安北京"进行案件调查过程及结果的全方位信息发布。然而，在5月8日，京温商城前聚集大量闹事者及民众时，北京警方才意识到事态的严重性，开始发布第一条事关此事件的正式案件公布的微博。但是，民众的情绪已经高涨到如此地步，还会有多少人能冷静地查看警方对案件的真相解释。

警方错失了第一手消息发布的良机，给了谣言散布、民怨发酵的时间，也成为5月8日京温商城前聚众闹事事件的重要原因。

3. 政府错失信息发布良机。

在传统环境下，政府坐拥第一手资料以及权威发布平台，致使政府过于依赖传统媒体，无视了信息公开发布的重要性。然而，"船大难调头"，在网络时代下，传统媒体无法做出迅速的调整，特别是在新媒体迅速发展，网民数量众多的环境下，其权威优势逐渐被自媒体的范围广、发布迅速、时间任意等优势所替代，在诸多环境下，丧失了信息发布的主动权。

此次事件中，造谣者通过在"天涯论坛"中持续发布谣言帖子的方式，实现了200万多次的点击量、4万多条回复，同时，通过几个千人QQ群，事件组织者也很快吸纳几千人从北京的各个打工者聚集地甚至是外地打工者吸引到京温商城前。然而，传统媒体却在这样的暗流涌动下默默无声。丧失了话语主动权的政府却又通过"清网"的方式，导致一段时间，京温商城成为网络搜索的敏感词汇。直到5月21日，《焦点访谈》的专题式发布，才让大众真正了解了事态的真相，民众的激动情绪也最终衰减下去。

（三）完善网络时代政府危机管理机制措施

1. 提高政府危机管理意识。

危机管理不能满足于问题出现后的及时应对，而应在问题产生之前的提早提防。危机管理应从培养危机意识开始，这也是提升政府危机管理能力的重要基础。传统环境下，信息的传播多为"一对多"的形式，然而在网络时代，信息可以进行"多对多"的爆炸式病毒性传播。这种新变化不仅促进了信息的迅速传播，更易形成集群效应，更使得一条信息在瞬间放大呈现在公众面前，更容易形成群体性事件。这就要求政府的相关官员及部门应该切实提高对危机信息的敏感度，及时捕捉问题点以及问题的端倪。把握网络时代下信息传播的规律，实时关注国家发展、公民生活、社会动态等极易形成危机事件的多个方面。并且，政府还应不断健全政府危机管理机制，结合我国国情，从长远的角度出发培养相关专业人才以及建立相关干预机制，对问题进行早期预估和提前干预，努力实现危机问题最小化的目标。

2. 完善制度建设。

一直以来，国家都对互联网的信息传播与法律规范等方面投入了精力，但是收效甚微。特别是自媒体时代下，面对"人人都是麦

克风"的新形势，政府一直都找不到合适的方式加以应对。这就要求政府加大对我国网络信息技术发展的投入，不断更新相关技术，实现对网络谣言、聚众滋事等事件的技术性掌控。

同时，我国还应不断建立健全相关法律法规，从而在制度的角度上遏制问题严重化。国家应加大力度打击网络谣言的传播者，提升政府的公信力。同时，树立政府形象的代言人，第一时间对公众关注的问题进行公正、公开、公平地解答。除此之外，政府还应加大对传统媒体的多方面投入。新媒体的冲击致使传统媒体逐渐失去了信息发布的主动权，这也就要求我国要加大对传统媒体的扶持，建立传统媒体与新媒体的"二元机制"，实现信息的共享和监督等目标。

总之，网络时代下，新媒体的作用不断凸显。政府也应适应时代的发展，在信息公开的方式上，采用新旧媒体结合的方式，这不但实现了信息的网络式传播，同时也丰富了信息传播的方式，提升了公众对信息的接受度，满足了广大受众对信息的需求。同时，政府还应不断提升危机管理意识，争取以第一时间获得一手资料，避免网络谣言的散布传播，进而实现对舆论的有效引导，树立良好的政府形象，最终实现政府在网络时代下"危机管理"向"阳光行政"的转变。

第五章
移动互联网环境下北京电子政务
与政府信息传播

目前，我国3G用户超过1.3亿，并且智能终端普及速度惊人，智能终端应用以燎原之势席卷全球；中国成为世界第二大应用经济体——无数传统行业在改变，人们的生活方式在改变，世界正同步进入移动互联网时代。

第一节 移动互联网环境下电子政务新特征和影响

随着互联网和通信技术的飞速发展，移动互联网正在逐渐应用于不同的领域。

一、移动互联网发展应用的新可能

移动互联网，是将移动通信和互联网二者结合起来，成为一体。它们的增长速度都是任何预言家未曾预料到的。移动互联网的优势决定其用户数量庞大，截至2012年9月底，全球移动互联网用户已达15亿。移动互联网无论从应用场景、数据收集，还是对于各种各样的实体的把握和控制来讲，远远大过互联网。自2010年开始，移动互联网这个概念已经彻底从神坛走向了生活。各大运营商也把目光集聚移动互联网上，早在2001年11月10日，中国移动通信的"移动梦网"正式开通，手机用户可通过"移动梦网"享受到移

动游戏、信息点播、信息传播、移动办公等服务。

　　移动互联网具有鲜明的个性特征。它不是移动和互联网的简单相加，也不仅包含无线接入和互联网内容服务。它将互联网空间拓展至世界的每一个角落，即不再局限于家庭或办公室的计算机，而将互联网延伸至计算机和任何移动终端，包括手机、PDA、数字媒体播放设备、便携式游戏终端等，从而真正地实现了人类沟通和数字化生产的空前解放。移动互联网网络结构如下图所示。

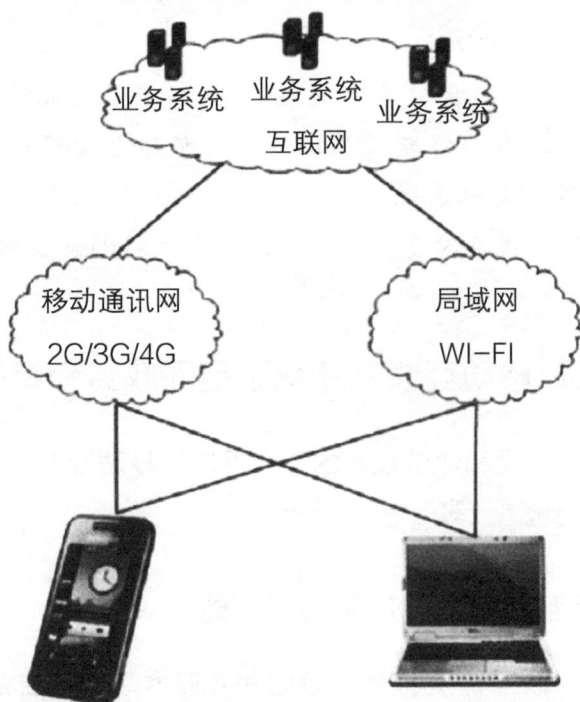

　　移动互联网继承了移动随身、随时、随地和互联网开放、共享、互动的优势，是综合了两者优势的"升级版"。它的特点主要包括，一是上网更加便捷。跨越了时间与空间的限制上网，是传统互联网和移动互联网共同拥有的特点，而移动互联网在跨越空间的限制这一点上显得更为突出，通过移动终端设备上网，在任何地方都可以获取互联网所提供的各种信息。但从上网方式上不等于传统互联网，也不是它的延伸，在网络建设与应用上，两者之间虽然有联系，但有着根本区别。二是设备的多元化。移动互联网可以提供给便携设备，基本设备终端是手机、PDA等移动设备，还包括了PC端便携设备等移动设备。三是多方位互动的灵活性。移动上网的终端体系，决定了终端之间的访问，既可以移动设备对移动设备，也可以是移动设备对PC设备。不同体系设备之间的交互访问，决定了应用的丰富性远甚于传统互联网。中高端的设备可以访问PC端的互联网，然而并不影响移动设备与移动设备之间的访问交互。移动互联网只适应于小数据传播，因为与其相匹配的移动设备硬件体系决定了这一特性。

在移动互联网向所有领域蔓延过程中，移动互联网每进入一个领域，就会对这个领域或行业进行完整的再造重构，会改变整个生态环境。随着覆盖全国的3G网络建设的加快，2013年，4G商用牌照终于发放，北京人已经可以用上4G网络，如今在移动互联网时代，移动信息化的行业应用越来越受到重视，移动政务亦蓬勃发展。

二、电子政务在移动互联网下的特征与实现功能

无论是电子政务还是移动电子政务，都是依托于互联网这个平台。对于移动互联网而言，它代表的是移动和互联网的一种融合，二者融合后产生了诸多产业或管理的新型模式。相对传统互联网而言，移动互联网概念重点强调了可以随时随地，且可以在运动中访问互联网，从而实现政府部门所提供的各种服务和信息发布。

（一）电子政务特征及功能

电子政务是信息技术在政务部门应用的结果，即信息技术与政务活动有机结合的产物。自20世纪90年代美国政府提出了信息高速公路理念之后，中国也进入了电子政务时代，2009年各级政府基本完成了电子政务基础建设，从办公自动化逐渐形成了自动化、电

跨进全球信息传播时代

子化、网格化的格局，从政府内网到政府外网，从原有单一的办公自动化、政府内部信息传送，到逐渐实现了政府信息公开、一站式服务等，电子政务功能不断扩展。一是实现了政府办公的自动化、电子化和网络化。电子政务最基础的工作就是以先进成熟的计算机和通讯技术，建成一个满足政府机关办公自动化业务需要的办公信息系统，使政府机关内部各处室的公文和信息交流畅通无阻，大大提高了政府办公效率。并通过政府机关内部各处室之间计算机网络之间的信息交换和公文交流，建立高质量、高效率的信息网络，为领导决策和机关办公提供服务，实现机关办公现代化、信息资源化、传输网络化和决策科学化。二是促进政府职能转变、流程再造和管理方式革新。电子政务促进了政府职能转变的步伐。电子政务采用信息技术改变了原有工作程序、组织结构，使业务流程围绕公共服务的核心内容优化重组。业务流程重组要求政府部门不能再按照原有工作理念和思路来运作，而要以服务为导向，整业务功能模块搭配结构。三是拓展政府服务能力、为社会提供更加优质、便捷的公共服务，从根本上改善政府公共服务是电子政务的核心价值。在传统计划经济体制下，政府运作主要是面向管理和控制；而在现代市场经济体制下，政府运作则主要是围绕公共服务展开。电子政务的出现，极大地推动了政府职能转变，因为电子政务的基本特征就在于以客户需求为中心，充分利用信息网络技术，丰富政府公共服务的内容和形式，增强政府的服务能力，促使其服务绩效趋于最大化。与传统政府服务相比较，电子政务着眼于更大范围内、更高层次上社会需求的合理化和现实化，为民众获取各类政府公共服务提供了更广阔的准入空间。在日新月异的信息网络技术支持下，电子政务不仅能够以方便、快捷、多样化、个性化等方式满足民众已有的服务需求，还能够通过对制度创新、技术创新和管理创新的整合不断创造出新的服务需求，所以构建电子政务意味着政府职能转变的深化和政府服务能力的增强，进而使政府能够以前所未有的公信力、回应力和创造力，更多、更好地满足民众对公共服务品质不断增长的需求。四是提高政府管理的效率和质量。传统政府管理效率低下，决策、执行、协调、咨询和信息运作过程中的耗费高昂。电子政务的实施使这些成本降低到最为合理的有效值。电子政务的公共服务领域十分广泛，如信息服务、办事服务等电子政务以及政府采购、政府招标等电子商务活动等。同时，在原有的政府分散采购方式下，采购资金脱离财政监督，盲目采购、重复采购、随意采购、不公平竞争等现象时有发生，导致公共开支浪费和资金使用效率下降。通过电子招标、电子采购，不仅可以做到公开化、透明化、集中化，可有效避免盲目性，也可对其进行有效监督，以节省开支，降低成本。五是增强政府监管力度、有效维护市场经济秩序。信息化是我国加快实现工业化和现代化的必然选择。电子政务对我国信息化全局具有显著的主导和带动作用，信息资源开发利用是推进信息化的核心。政府是全社会信息资源的最大拥有者，推进电子政务，把政府掌握的信息资源开发利用好，将为国民经济和社会信息化发展创造良好的条件。促进政务公开，可以加强政府和社会公众对各权力机构业务运行的监督，实现政府相关信息和业务处理流程的公开化。实施电子政务后，政府的业务流程通过电子政务平台自动实现，其处理过程、处理时间、处理的结果、处理依据对上级领导、相关公众、政府工作人员都是透明的，从而减少了传统政务过程中可能出现的暗箱操作。

（二）移动电子政务的特征及功能

随着后PC时代的来临和移动通信技术的发展，人们在电子政务实现的终端、接入方式和接入技术等选择上越来越趋向于多元化，其中移动终端产品及相关移动通信技术在电子政务中的运用也引起越来越多的关注。政府在其电子政务建设和运营中，充分运用现代

移动通信技术在终端功能、接入速度、接入安全性、移动互联网等方面优势，通过移动通信的终端、相关接入、认证和应用协议技术等，实现电子政务可移动化。移动电子政务使政务工作更有效、更精简、更公开、更透明，为企业和居民提供更好的服务；重新构造政府、企业、居民之间的关系，具有更强的互动性和更好的协调性，同时在移动性和灵活性上也显示了其突出的特征。

移动电子政务属于电子政务发展方向的另一分支，是一种新兴的发展方式，在我国尚处于起步阶段还不成熟，但随着移动用户数量的进一步上升，技术的进一步优化和升级，加上公众的移动服务需求等，将为移动政务发展提供广阔前景。从功能上而言，首先改善政府办公环境，简化机构之间的沟通，实现移动办公。政府内部用无线局域网组网，办公人员随时随地接入办公系统；在外人员可以利用移动终端，通过GPRS、CDMA、WAP网络接入办公系统，不受地点限制；另外可以用短消息进行各种即时通知，实现手机收发电子邮件、移动电子审批、移动信息发布、移动个人信息管理等功能。其次是加快现有办公流程，节省政府机构运营成本。将短信息平台和GRPS网络应用在移动办公自动化系统上，实现了政府办公自动化系统与多种无线终端之间的双向信息交换，从而使政府工作人员在处理日常事务时更加方便与快捷，加快了现有办公流程。移动电子政务的应用，可以使工作流程更加灵活与弹性，同时由于电子化手段代替了许多人工化工作方式，可以大大节省日常运作的运营成本。三是提高政府、领导的决策能力。移动电子政务的应用可以协助政府领导更加全面、详细地了解政府机构各职能部门、业务流程的运作情况，从而提高了领导的决策力。四是方便企业、居民与政府之间的通信，让政府办公真正面向社会。企业或者居民除了可以使用ＰＣ接入互联网访问政府网站外，也可以利用移动终端访问政府移动门户，无论走到哪里都可以访问和办理各种业务。五是更好的灵活性和可扩充性，强大的备灾能力和安全性。移动组网和无线访问固有的优越性使得移动电子政务具有灵活组网、无限扩充的能力，如果有线网络出现损坏，无线网络就可以发挥它灵活方便的优越性。另外，可以通过身份认证和特有的加密解密算法保证充分的安全性。六是塑造更富弹性的服务型政府形象。政府许多职能部门及机构，如国税、海关、公安等部门应用短信通知、企业专线接入、警务查询等移动电子政务业务，极大提升工作效率，提高民众的满意度，塑造良好的政府形象。在政府监管方面，由于移动互联网本身的特性，为政府自身监管和及时发布信息提供了相应的必备条件。

移动电子政务与传统电子政务相较，具有以下比较明显的优势。第一是移动电子政务是对现有以固定通信技术实现的电子政务模式的一种延伸和扩展。第二是移动电子政务在技术层面以原有电子政务技术为基础，同时在接入技术、网络和接入终端上结合了移动通信技术的最新发展。在全方位电子政务的网络结构和实际的电子政务应用中，移动电子政务的实现主要体现为在电子政务的接入终端、接入平台和技术上使用了移动或无线通信、网络技术的最新发展，主要是实现使用手机、掌上电脑等移动终端，通过GSM、GPRS、CDMA和无线局域网实现电子政务接入。第三是移动电子政务处理的是与政务相关的事务。第四是移动电子政务要通过一个技术平台、四个资源整合来实现。"一个平台"指数字化、网络化的技术集成平台；"四个整合"指政府资源整合、企业资源整合、社会资源整合以及社会服务整合。

三、政务微博：政府服务新窗口和新载体

2012年是政务微博高速发展的一年。有研究报告显示，2012年每天都有100多家官方微博诞生。至2012年10月底，新浪认证的政

跨进全球信息传播时代

127

务微博总数达到60064个，相比上年同期净增41932个，增长率达到231%。2012年12月5日前发布的《2012年腾讯政务微博报告》显示，截至2012年11月，腾讯微博平台认证的党政机构及公务人员微博已超过75000家，政务微博的听众总数数以亿计。这表明，开通和建设政务微博已不是个别地区、个别部门或少数积极触网官员的试水，而是已经形成了普遍的规模效应，成为新时期政府利用新兴网络工具发展网络问政、提升治理水平的一种共识和集体行动。

（一）政务微博平台的建立与定位

政务微博包括官员个人微博和政府机构微博，它和大众微博有着本质上的区别，但都与微博应用平台有着密不可分的关系，都是通过建立在不同网站上的微博平台进行传播的。一个较为成熟的商业网站包括了很多应用平台，微博应用平台就是其中的一个。目前国内影响力较大的微博平台是新浪微博和腾讯微博，它们覆盖了绝大多数的微博用户，是现阶段相对成熟的微博平台，具有相对成功的政务微博运作经验。因此政务微博一般建立在这两个商业网站所提供的微博平台上。目前，为了提高政府门户网站的影响力，有些地方政府采用了政府网站与商业网站捆绑的方式。如昆明信息港等。政府门户网站由于自身网站的特点，建立一个微博平台需要花大量经费，与商业网站相比点击率不高，所以政务微博大都建立在商业网站提供的平台上。一方面可以近距离与公众沟通，另一方面可提升政府在公众中的影响。

政务机构官方微博在建立之前，需要给微博一个定位，即微博类型。近几年来，政务微博有了很大的发展，不仅数量上呈几何形式增长，更形成了差异化的定位分类。政府在开通微博前期，可先参考本系统成功运营的政务微博，并为微博确定一个准确的定位，一般政府机构微博可分为以下几种类型。一是宣传型：通过符合微博传播特点的内容，宣传官方政令信息，多以政府（外宣）类微博为主。如微博云南、南京发布等。二是互动型：利用"微活动"展开丰富多彩的线上活动，以达到营销目的，多以旅游微博为主。如乐游上海（上海市旅游局官方微博）、浙江省旅游局官微等。三是问政型：利用微博"@"等功能，联合各委办局官方微博，实际解决网友反映的问题。并做到"工作时间1小时内、节假日休息时间8小时内，有呼必应"等承诺。如问政银川，阳光问政等。四是综合性：这种类型微博综合了"宣传型、互动型、问政型"等特点，以解决网友实际问题，为网民办实事为己任，多数公安微博均为综合型微博。如平安北京，平安伊利等

微博的影响力通过粉丝来决定。在做好政务微博定位的同时，还要构建政务微博矩阵，即在本机构政务微博中还应加关注其下属机构、平行机构微博，逐渐形成自己的微博矩阵，建立自己的传播渠道。

（二）政务微博的影响力

影响力一般可分为三个层级：告知、说服、动员。告知是在政务微博上如果粉丝量越大那么影响力就越大；说服可以及时让公众对你所说的内容从接受到同意到相信；动员则是让公众行动起来。从这三个侧面的不同定量分析，将会形成一个不同的定性影响力程度。对于目前政务微博而言，随着社会现代化水平和社会事务的不断分化，行政机构的功能划分也日益精细化，这一方面有利于提升政府各职能部门公共服务提供的专业化水平，提高公共管理效率；另一方面也会带来条块之间信息沟通不畅、办事流程复杂、功能整合不良，从而降低公共服务水平的弊端。各地政务微博的建设，一开始都是个别性、零散化的，政务微博的上线跟当地政府或其职能部门的一把手或相关负责人对互联网及微博的个人观点与态度有极大的关系，所以政务微博的开发、上线有着较强的偶然性。率先上线的政务微博往往都是单打独斗，艰难摸索，虽然很多政务微博

得到公众的认可，取得了一定的效果，但毕竟受其管辖事务的范围及知网用网水平的限制，单门独户的政务微博给公众提供的信息和服务是很有限的，难以从总体上推进政务信息的公开和公共服务的改进。近两年来，政务微博的建设获得越来越多公众认可和媒体关注，其积极作用也为各地各级政府部门所审视和考虑，推动政务微博集群化建设，使各职能部门通过政务微博的"互粉"，实现信息互知、互享、互补，为公众提供更全面、更便捷的政务信息和公共服务，成为各地政府建设和发展政务微博的一大共识。提供微博服务的各大网络运营商也把准了这一微博政治生活时代脉搏，积极开发政务微博的集群化广场，使得各政务微博不再各自为政，能够集中整合于一个页面、一个平台，成为现实生活中各政府部门的镜子和窗口。对于政府来说，政务微博群的形成，可以同时展示各部门工作进展，有助于行政部门之间的信息交流与任务分配，也使得各部门之间能够相互配合、相互监督、相互比较，形成整体效应，提高共同的办事效率。对于公众而言，政务微博群的发展，能够使公众快速看到各部门动态，涉及办理个人事务时，无需在各部门之间疲于奔走，可以在各政务微博上事先了解、咨询，全面掌握所需的政务信息，提高办事效率；遇到难以解决的问题时，还可以通过向相关的政务微博求助，以获得专业的指导和帮助。

其次，政务微博运营逐步走向制度化。随着政务微博的普及，政务微博的规范化管理和运营成为各级各地政府及其职能部门的一项重要工作。各政务机构在实践过程中，逐渐形成了一整套关于政务微博发布、互动、信息采集、呈送、反馈、监控、评价等的成熟管理机制，各个环节能够实现良好衔接，出现问题可迅速反应并加以解决。多数与民情关系密切的政务部门微博，均设置了专门人员负责发布和跟进，要求做到有问必答，有答有办，有办有督，有督有果；尤其对于相关舆情的掌握处理等普遍形成了实时搜集、系统整理、择要汇报和及时处理等规范化流程。实践基础上各地关于政务微博管理的制度文本也纷纷出台，有的作为机构内部的工作章程试行实施，有的已经出台公开的制度规范。

第二节 北京发布：北京电子政务的实践与应用

政务微博开创了民众与政府交流的新渠道，它体现的不仅仅是单个部门的声音，而是代表了政府部门的整体形象。北京首创的"微博集群化"政务服务模式——全国首个省级政务微博群"北京微博发布厅"，将各部门政务微博整合在一起，变部门"独唱"为"合唱"，网友通过一个平台就能了解很多业务或解决问题。微博便民为民的同时，一声"亲们"更是打破了政府在民众心中僵化的刻板印象，北京政府形象通过政务微博展现在民众面前，政务微博散发的沟通魅力和传播效应，也在悄然改变着政府机构的"问政"理念和思路。

一、北京政务微博发展历程

"北京发布"微博平台于2011年11月30日上午正式更名而成，是北京市人民政府新闻办公室实名认证的政务微博。"北京发布"由北京市政府新闻办管理主导微博内容，同时联合北京市发改委、北京

市公安局、北京市环保局等上百个北京市政府微博账号发布新闻内容和发起活动。作为政府机构形象展示的全新平台，"北京发布"可以更近距离与民众沟通，更及时、全面地发布最新政令新闻，成为深入传播执行"人文、科技、绿色"北京的网络前沿阵地。目前它已经发展成拥有412多万粉丝，发布1万多条微博的大户。

二、形成中的"北京发布"个性丰满

（一）内容丰富多元，满足不同网友的需求

浏览其发布的内容，大致有以下话题#文化北京#、#科技北京#、#绿色北京#、#乐活北京#、#北京你好#、#晚安北京#、#生活提示#、#食尚小布#、#聚焦#、#京华人物#、#生态文明建设#、#科学博士#等包罗万象的内容。还有#小布在现场#、#直播发布会#等微访谈和微直播等特色活动。内容荟萃集聚，可以满足众多粉丝的多种信息需求，就像是一个超级市场一样对人们有着一定的吸引力。

微博信息虽然以文字为主，但是清一色的文字不仅会让页面变得死气沉沉，也可能降低用户的关注意愿。网络本身就是一个多媒体集成平台，在文字描述的同时，将图片、视频等多媒体手段加入其中，融入多媒体元素，更多强调词义结合、有效互补。

（二）语言生动活泼

"北京发布"的语言风格亲切，自称为"小布"，大打感情牌，微博就要有情感、有喜好、有性格，当然，首先应当要有性别。女性在社交沟通上有得天独厚的优势。而且玩微博的用户以年轻人为主，卖萌小资的女孩口气很容易吸引眼球。

"北京发布"善于利用网络语言拉近与网友的距离。"#北京你好#""#晚安北京#"等话题发布的时间比较固定，在内容里会通报当日及明日的天气，还会根据天气情况温馨提示大众，淡化了官

民之间的距离感。大多使用网络用语，让网友感觉亲切接地气。注重人文关怀，用人性化的表达赢得情感共鸣。

（三）实时互动

"北京发布"对舆情处理更主动了，也更亲民了。宣传部门的新闻工作应该以人的出发点来考量，注重人的感受。微博的互动，就更明显地以人为本。微博本质上是一种社交媒体，用户凭借多样化、个性化的"标签"多线索地编织起自己的微博人际网络，其所发布的信息将沿着网络中的各个关系链进行传播。人际网络越广、关系越强，信息就越有可能传播的更广越远。对于政府微博来说，非常重要的一点是，要在网络平台上"重新聚集起越来越分散的用户资源，同时利用用户之间已经形成的关系网络来构造自己的信息发布网络，拓宽信息渠道"。

按照社会互动理论，人际关系的创造与维持是在交往互动中实现的。互动在加强双方交流、增进彼此了解的同时，对两者的关系也具有强化作用。微博的互动内容主要有转发与评论他人微博及对评论和私信回复两类。对于互动内容，政府微博除了注重事实层面，也有必要兼顾用户的情感需求，让民众感受到来自政府的重视和关怀，继而加深对政府的认同。

（四）针对突发事件灵活运用政务微博发布信息

当突发事件发生时，公众出于多种心态的影响和作用，特别是对突发事件本身所产生的不确定性，而产生了在认知上的偏差。为了解事件真相，公众需要获得大量信息，从中选取有价值的部分来调整既有的认知。因此，关于突发事件的进展、事件对公众的影响、相关应对措施等方面的信息是公众天然的关注点。事件波及范围越大，不确定性越大，信息需求就越高，内容与公众自身利益关联性越高越有可能引起他们的关注。

政府作为社会的最大信息源，在制造、获取和传播应急信息上

有着其他发布主体所不具备的权威优势。"北京发布"正是灵活应用了政府微博这一平台，应对突发事件的公众信息需求，及时全面的信息发布，让老百姓了解事件真相，从而遏制网络谣言的扩散，取得舆论主导权。北京发布"7·21"特大暴雨事件灵活应用政务微博平台，发布时间上打破常态的三个时间段发布信息，改为24小时都有信息发布；内容上采用通过转发草根网友贡献的部分有代表性的图片集中发布，迅速吸引用户注意力。其中"来北京看海"系列图片引起了广大网友强烈共鸣，在一定程度上缓解了网络中对政府应急能力不足的责难。

三、"北京发布"主要内容

"北京发布"微博内容丰富多彩，能够满足广大粉丝多元的信息需求；微博发布的语言风格亲切，人性化的表达能够赢得广大粉丝的情感共鸣；此外，"北京发布"注重与粉丝互动，不是政治作秀，而是实实在在的亲民互动。北京发布所包含内容包罗万象，大致可分为三类：第一类是北京市相关机构出台或发布的政策、报告和通告等。这些属于形象塑造类信息。第二类是公共服务类资讯的发布。这些属于公共服务类信息。如#北京你好#、#晚安北京#、#生活提示#等，主要涵盖便民小贴士、天气预报、交通信息、生活安全防范等常识性内容，同时还包括涉及衣食住行等各个方面的内容，尽管这些内容服务性较强，时效性较弱，但就内容本身而言比较符合大众的利益诉求。第三类是关系维护类信息。这些属于互动交流类信息。如"北京发布"积极开展与网民的互动，发起微访谈、微直播等栏目倾听和解答百姓生活中遇到的问题和困难，就热点话题展开交流与讨论，积极评论与转发微博、回复评论与私信等。

以上这三类信息所涉及的相关内容，从不同层面满足了众多粉丝的多种信息需求，推动政府信息公开和服务于民执政理念的落实。

第三节 国外移动电子政务建设与政府信息传播的借鉴与启示

移动通信技术和业务的发展，为世界各地移动电子政务的建设和应用铺平了道路。不仅是美国，在许多国家和地区移动电子政务已被广泛应用。由于移动通信方便、快速、覆盖面广、交互性强等特点，在实现政府与公众沟通方面显示了巨大的优势，许多地方权力机构使用短信和公众进行交流，不仅提高了办事效率，还节约了行政成本。

一、国外电子政务建设

（一）美国

美国是全球电子政务开发最早的国家，并成为其他国家模仿的对象。它起源于20世纪90年代初，当时克林顿政府成立了"国家绩效评估委员会"，该委员会通过大量调查研究，发表了《创建经济高效的政府》和《运用信息技术改造政府》两份报告，提出应当用先进的信息网络技术克服美国政府在管理和提供服务方面所存在的弊端，从此揭开了美国电子政务建设的序幕。从全球范围来看，美国拥有较好的信息化基础和较为完善的产业生态，并且强调要使在任何时间、任何地点、通过任何设备获取信息和数字化服务。为保障政府信息化发展，美国还制定了《政府信息公开法》《个人隐私权保护法》《美国联邦信息资源管理法》等一系列法律法规，对政府信息化发展起着重要的保障和规范的作用。目前，美国移动互联网的产业基础不断完善，用户发展迅速，为移动政务的发展奠定了良好的基础。2012年，美国智能手机用户超过1.25亿人，在新购买的手机中，智能手机的占比更是达到72%。如今美国每3分钟上网时间，就有1分钟来自PC之外的设备。近年来，美国有关部门致力于

利用移动互联网提高政务效率和服务水平，将2012年定为移动政务元年。通过应用平台征询公民意见和想法，参与投票表决等。

（二）英国

英国1994年开始建设电子政务，经过十多年的发展已经取得了长足进步。英国电子政务建设的主导思想是：建立"以公众为中心"的政府；加强跨部门合作，以更好地满足公众需求；通过实施电子政务，提高政府工作效率并改进服务方式。建设的目标为：提供更多服务方式供民众选择；获取公众信任；提供全天候快捷服务；提高行政效率并快速回应公众的需求；使政府资源配置合理化，减少政府支出并简化系统；使信息公开制度化，提高国家竞争力与政府开放性；维护电子政务的安全性和可靠性。

（三）新加坡

新加坡是全世界最早推行"政府信息化"的国家之一。20世纪末，新加坡计算机委员会实施了三项技术计划，为政府信息化奠定了基础。第一项国家信息化技术计划：1984—1985年，实施公务员计算机化计划，为各级公务员普遍配备计算机，进行信息技术培训，并在各个政府机构发展了250多套计算机管理信息系统，推进政府机构办公自动化。第二项国家信息化技术计划：1986—1991年，实施国家信息技术计划，建成连接23个政府主要部门的计算机网络，实现了这些部门的数据共享，并在政府和企业之间开展电子数据交换（EDI）。目前，新加坡是全球少数几个率先在对外贸易领域推行电子数据交换，实现无纸化贸易的国家之一。第三项国家信息化技术计划：1992—1999年，在公务员办公计算机化和国家信息技术计划成功实施的基础上，制订并实施了将新加坡建成"智慧岛"的IT2000计划。1996年，新加坡宣布建设覆盖全国的高速宽带多媒体网络，并于1998年投入全面运行。

二、外国政府政务微博建设

（一）美国

twitter2006年始于美国，最初只是限于除手机短信之外朋友间的实时交流、沟通和信息共享的一种互动工具。随着这种便捷与灵活的新型交流方式的普及和影响力的不断扩大，逐渐被运用于政府部门工作中。至今，政务微博在美国得到了广泛应用，并已经成为政府公共关系的重要渠道。美国国务院一贯重视互联网使用，除了Twitter的官方账户，还鼓励政府机构工作人员使用微博，通过互联网与网民保持紧密联系。美国政务微博主要实现以下几个功能：一是信息发布。主要发布政府政策的新动向以及遇到的新问题等。同时与国务院网站相链接，使公众点开后便可看到详细的信息。二是监控网络舆论信息。美国国土安全部和联邦调查局通过twitter监控社会动态，以发现是否有威胁国家安全的活动。三是交流互动分享观点。2011年7月6日，奥巴马首开先例，利用twitter平台召开市民会议与民众直接交流，接受网友有关经济与就业问题的微访谈，访谈内容同期在twitter上直播。四是公共外交工具。美国政府为促成外国民众与其对话，充分利用微博平台进行全球问答活动，就美国外交等各方面内容，发布消息，全球任何公众都可以参与。五是应对突发事件。美国政府面对重大突发事件，通过微博不断向公众发布事件最新进展及处理情况。若事件涉及多各政府部门，美国政府会专门建立一个微博，并告知公众，以便在事件发生后能放大政府传播渠道。

（二）英国

英国政府早在2009年就出版了20页的"Twitter使用指南"，详细地指导政务大臣如何更好地使用Twitter。该指南规定了政务微博的使用、管理、推广等相关内容。这一套规范指导性文件，几乎

涵盖了所有使用中的细节问题，如政务微博必须使用统一的命名格式、统一的域名地址、发表信息的语气、转发消息的要求、如何回答提问等。同时还规定了所有政府部门都必须注册一个微博账号，且必须成立专门的团队负责政务微博宣传、更新等事务，各相关部门要保持互动联系，对待公众的评论要及时回复；同时，对政务微博的使用还进行了一个简单的量化，并建立与之对应的评估体系。

该指南还要求内阁大臣每天至少半小时发布一次微博。英国众多政务职能部门都开设了微博，主动发布信息，通过微博传递部门政策信息，与公众进行互动交流。公众通过这些微博信息平台，方便地了解到部门动态和政策动向，并且留言和评论，表达自己的意见，形成了政府把握着主动权，主导传递信息的舆论场。2012年上海世博会以及2013年英国首相卡梅伦访华期间，英国外交部安排驻华使馆在微博上发送消息，并随时更新进展。2013年11月，英国首相卡梅伦在中国开通了微博账号，目前拥有粉丝数量50多万。他通过个人微博发布信息，谈论感受与观点。如南非前总统曼德拉去世时，卡梅伦正在中国访问，他在微博上发表博文"对于纳尔逊·曼德拉的逝去，我感到极度悲伤。我的心与他的家人、还有南非及全世界生活因他的勇气而改变了的人同在。"在2013年12月，参加完八国集团举办了首届"认知症峰会"之后，针对相关内容在微博中阐述观点："我们不只需要找到治疗痴呆症的方法，还要找到阻止其发生、延缓其发生的方法。最重要的，要帮助痴呆症患者好好生活，有尊严地生活。"这条信息被转载771次。

英国首相 V ＋关注
♂ 海外 英国 http://weibo.com/ukprimeminister
英国首相戴维·卡梅伦
关注 2 ｜ 粉丝 92万 ｜ 微博 37
最新微博：在1215年6月15日签署《大宪章》的时候，约翰王(King John)第一次承认他的国民是拥有...

如果说几十年前来华的外国领导人，只能通过停车长安街与围观群众招手示意来与普通中国百姓交流，那么在互联网，特别是移动互联网的今天，他们可以通过手机刷微博，随时随地和中国民众交流。

在大力发展微博的同时，各国政府也逐步加强了对微博的监管力度。2011年，发生在英国多个城市的骚乱事件，以及同年发生在美国的"占领华尔街"运动，都是利用微博等社交工具快速将民众集结，线上串联动员线下行动的结果，给本国政府带来了巨大的损失。为此英国和美国政府越来越认识到互联网以及微博所起到的动员民众的作用，不仅充分利用政务微博来引导舆论，也强化了对包括微博在内的社交网络媒体的监管，赋予相关部门更多权力，发现造成社会不稳定苗头或影响社会稳定的事件和舆论，及时加以阻止，进行正面宣传，以期加强有效的舆论引导和网络监管。

第四节 借力移动互联网探索政府信息传播新渠道

移动互联网的发展不仅引发信息传播的变革、传媒格局调整，对于政府部门来说，又增加了一个政府信息公开的重要平台。

一、政府信息传播要追赶移动互联网发展趋势

党的十八届三中全会明确提出了"健全民主监督、法律监督、舆论监督机制，运用和规范互联网监督"的战略方针。

移动互联网时代，政府应跟上信息技术发展的步伐，利用移动互联网进行实时信息传播。以北京为代表的多座城市均宣布要建设"无线城市"。随着移动互联网技术的发展和移动互联网创新热潮的到来，公众特别是广大网民增强了对移动互联网的兴趣，提升了手机网民的使用黏性。3G的快速普及和无线网络的覆盖为手机上网

奠定了用户基础和网络基础，4G也依其数据传输速率高，可以提供高性能流媒体内容及集成不同无线通信模式等特性，逐渐被公众所接纳。

　　未来移动互联网将超越PC互联网，引领发展新潮流。在移动互联网时代，无空间概念将显得更加突出，人们在任何地方都可以进行交流和传播信息。2013年上半年，我国移动互联网发展态势良好，各应用领域网民规模均保持一定增长。截至2013年6月底，我国手机即时通信网民数为3.97亿，较2012年底增长了4520万，半年增长率高达12.8%。手机即时通信使用率为85.7%，较2012年底提升了1.8个百分点。并逐渐逼近PC网民规模，移动媒体成为时代的主角。

2012年12月—2013年6月手机即时通信网民数及使用率

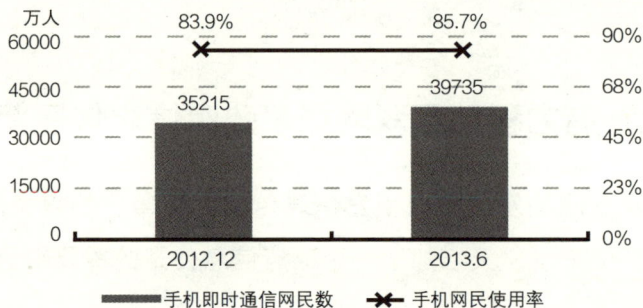

　　移动互联网对于多数政府网站来说，是近几年发展起来的一个新生事物，要选择适当的发展战略，立足现实按需求进行建设，整合政府资源，平衡职能和流程的矛盾，确立一个合理的阶段性目标，充分利用移动互联网平台，传播政府信息。特别是在突发事件发生时，发挥移动互联网的特殊作用引导社会舆论。

二、移动互联给政府信息传播带来更大机会

　　移动互联时代的到来，给政府信息传播带来了很多新挑战与新

机遇。首先是建立和完善互联网机制。移动互联网在促使更多用户便捷上网的同时，也提升了各项上网体验，尤其基于真实生活需要的手机地图、购物、支付等应用，不仅满足了手机网民多元化生活需要，同时舆论环境也会更加广泛。因此，制定移动互联网的相关监管机制，对于整个互联网的治理会显得越来越重要，如果管理不好可能会带来很多负面的影响，从而影响互联网应用的良好氛围。其次是把握原则，做好政府"扬声器"。政府在信息传播和交流中不仅要贴近网民，同时还要把握好友好不讨好，对话不对立，亲和不迎合，在融合中引导，在引导中融合等基本原则。对待网民甚是政务微博粉丝，不应是一味地讨好、对立和迎合，而应是友好相待、平等对话、态度亲和。只有与网友以友相待，才能避免出现民众最忌讳的官话套话、形式化。要把引导舆论传播正能量作为己任。三是进行有效传播。如何利用政务微博这个平台进行有效传播，是政府在互联网时代的一个重要课题。作为政务微博，获得公众的好评，拥有大量粉丝数量固然重要，但利用或通过粉丝把政府发布的政策或相关信息进行再传播，才更加具有实质意义。因此，在舆论引导方面，政府应积极主动，把握信息传播的主动权，形成政府对外宣传的"扬声器"。健全基础管理、内容管理、行业管理以及网络违法犯罪防范和打击等工作联动机制，健全网络突发事件处置机制，形成正面引导和依法管理相结合的网络舆论工作格局。四是实现电子政务的可移动化。移动电子政务使公务员可以随时随地处理公务，企业和社会可以随时随地获取信息和服务。因此各级各部门政府应充分意识到移动互联网对于便民服务的重要意义，大力宣传政府网站，让公众了解通过政府网站能够获得哪些自己所要的信息和服务。同时要关注公众诉求，发扬民主加强互动交流，把与公众利益相关的话题放到政府微博或网站上，听取大家的意见，激发公众参与政务的热情。

三、有效利用多元化工具进行政府信息传播

　　智能手机、IPAD等智能设备的出现，不仅给移动互联网用户带来了更广阔的交流空间，同时，政府部门借助手机短信、移动客户端等发布信息，与传统的桌面互联网相比较，无论是在内容吸引力、受众覆盖面以及社会影响力等诸多方面，都开拓了一个新的、更广阔的发展空间。政府在信息传播方面不应拘泥于单一的信息传播形式，应采用多元化方式进行传播。一是用好现有平台。目前，政府部门进行移动信息传播主要有两种平台方式，即短信平台和(手机版)政务微博。对于短信，大家早已不陌生，人们会不定期地收到由北京市政府或相关部门发来的一些告知信息；而政务微博则是近年来逐渐兴起的一种新型信息发布形式。手机短信在政府信息公开过程中，充分展现了精确性、灵活性、低成本和目的性强等优势。但弊病是单向性。二是传播方式多元化。近几年，随着智能手机性能不断提升、价格降低，移动流量资费的下调，网民手机上网的比例逐渐提升。由于手机随身携带，多数移动网民会利用碎片时间随时随地高速浏览网页，在网上进行互动操作，政府应该大力建设适应移动互联网的信息发布平台，形成与公众交流的多元化方式。不仅依托政务微博平台，通过智能手机，与百姓建立快捷的交流方式，还应根据信息特点及用户需求弹性选择发布时间。发挥手机平台的优势，实现信息"一对多"同时发布的功能，实现传统媒体无法比拟的"瞬时"轰动效果。三是信息发布平台的融合。目前政府主要的信息传播平台有政府的门户网站、政务微博、短信平台，随着移动互联网技术的发展，微信平台已逐渐被广大网民所使用，政府也应在利用好原有的信息发布平台的基础上，建立与移动互联网相适应的信息传播平台，逐步将电子政务平台、手机平台、政务微博平台、微信公共账号平台进行融合，形成统一的政府信息发布体，从而保障政府信息传播渠道更加畅通。网民通过任何一个平

台，都可以随时随地与政府相关部门进行互动，提出诉求，获得自己所需要的信息。四是传播内容的多样化。随着4G元年的到来，在信息传播内容上应选择更多类型和表现形式。有人说视频是4G最大的机会，因此，对于移动视频应用，不应只局限在视频通话和在线流媒体两种方式。而应扩大网速提高带来的视频应用范围，如在常态或非常态情况下，信息传播内容除文字之外，还应加入语音和视频元素，并通过移动互联网实现办公移动化，在移动互联网上实现在线采访、微访谈等多种信息传播方式，从而提高政府的办公效率和信息传播的社会效益。

四、改善优化公务人员的自身能力结构

移动互联网在公务员中的应用，有助于提高电子政务效率。由于固定网络建设成本高，并且受地理环境、传输距离、用户集聚程度等诸多方面的影响，使政府信息传播受到了某种约束，而移动互联网不仅可以低成本地解决基层单位最后一公里的问题，而且可以快速实现区域网络覆盖，使公务员随时随地地采集、获取、传输和处理信息。

在信息技术飞速发展的今天，移动通信已被广大公众所接受，特别是近几年，微博建立伊始限定140个字符，就是源于手机短信的字符要求。可见，微博从诞生之初就与手机应用密不可分，并建立了手机和互联网应用的无缝连接。作为政府官员应注重个人信息技术能力的提高，适应新形势下对个人素质的要求，增强手机端同互联网端的互动，从而使手机用户顺利过渡到无线互联网用户。

移动互联网浪潮为信息传播带来新的入口，在原有话题信息流、时间信息流、关系信息流之外，又增加了空间信息流这一全新信息组织方式。这种空间位置信息将为政府信息发布带来更多的传播空间。

五、4G时代给网络信息产业带来超乎想像的发展新机会

对于4G，早在2008年运营商推出全球第一支GSM/WiMAX整合式双模手机以来，人们已经盼了好几年，4G具有现有技术不具备的"快""广""财"的优势。所谓"快"，是4G的根本特征，也是技术界开发4G的初衷，如今的商用4G，已经实现了可以同时播放4部高清电影的速度，相应带宽相当于3G网络的20倍。"广"，是4G能将物联网真正成为普遍的现实。而"财"是指它可能真正把网络作为工具的使用费用降下来，把网络能够实现的增值服务和由它带来的经济活动发挥到极致。

4G语境下首都网络文化产业的机遇凸显。2013年，4G商用牌照终于发放，年末北京人已经可以用上了4G网络，在叫了一年"4G元年"之后，4G终于真正开始影响北京。仅仅在4年前，人们还在热烈讨论3G网络给整个文化创意产业带来的巨大机遇；如今，人们已经摩拳擦掌地等待4G带给我们的新变化。事实上，由于技术对产业尤其是政策影响的滞后性，整个国际文化创意产业界才在整理3G时代的巨大影响，呼吁对定义、分类和各种政策进行回应和调整。网友笑谈，"我在用2G的时候你们在谈3G，我开始用3G的时候你们又在说4G了"，所以我们对4G的期待，很多方面可能是3G可以带给我们但尚未完全实现的部分。

（一）4G为北京文化产业带来的资金拉动作用

4G属于电子信息产业，是国民经济的战略性产业。据测算，信息消费与GDP增长的关系是1：3.38。几年前3G牌照发放，头三年带动了直接投资4556亿元，间接拉动投资22300亿元；直接带动终端业务消费3558亿元，间接拉动社会消费3033亿元；直接带动GDP增长2110亿元，间接拉动GDP增长7440亿元；并且直接带动增加就业岗位123万个，间接拉动增加就业岗位266万个。所以业内估计4G的投资额会达到5000亿。到2015年，信息消费的规模会超过3.2万亿元，年均增长20%以上，带动相关行业新增产出超过1.2万亿元。

这个全国比例北京也可以参照。然而，4G全产业链中，只有在移动互联网应用里部分内容的提供方与文化产业有关，5000亿元的投资并没有将其包括在内。但这个数字仍然很重要，4G再快也只是铺就了移动信息的高速公路，承担文化产品开发，决定4G商用产品核心竞争力的还是文化产业，两者的关系随着技术提升和普及会越来越密切。2013年上半年，北京文化创意产业投资额已经达到139.8亿元；2012年北京文化创意产业增加值达到了2205亿元，而这个数字在2009年是1497亿元，年均增长率达到了近16%；而2005年到2009年的年均增长率不到14%。3G在内的一系列文化创意产业促进策略加快了北京文化创意产业的发展，我们有理由相信，如果北京能够抓住国家加大3G和4G建设力度的机会，那么北京文化创意产业的发展将会迈上一个崭新的台阶。

（二）4G为北京文化内容提供商发展提供大量新机会

虽然4G产业链很长，文化内容提供商看似并不能获得最大的利益，但由于一方面设备商获利可预期，加上4G新增收入可能相当一部分要用以补偿3G业务下降后的损失，所以设备产业链上的收益并不令人期待。相反，由于2G和3G时代网络速度并不能令人满意，费用也高，并没有如预期中带动足够的内容提供商获利；而4G由于速度和价格的两个指标将极大带动内容提供商的发展。视频是4G最大的机会，2014年发布的有关报告已经估计中国未来五年微电影产值可达数百亿。同样机会很大的是音乐，按照英国的分析，到2016年英国数字音乐的4G用户可能达到4400万。此外手游产业也是4G环境下可能会有较大突破的门类。数据显示，2012年北京动漫游戏总产值达到167.57亿元，相比2011年130亿元增长了29%，而据

初步统计，北京的动漫游戏出口额达15.6亿元，比2011年增长了三成，出口占到全国的六成。

但是4G带给网络文化产业的并不仅仅是3G时代人们想得到的手机报纸、手机杂志、手机广播、手机电视、手机游戏、手机音乐、手机动漫、手机广告，4G将进一步深化3G已经开始改变的用户习惯，进而改变互联网的格局。各个领域都将会得到极大的发展。视频高清化、动漫和游戏3D化，图书和杂志进一步富媒体化，实景导航，视频会议，更高速更大容量的云储存，以及云储存带动的物联网、车联网，所有传统内容和处于蓬勃发展的文化内容都会得到跨越式发展。

（三）4G将扩大北京文化消费市场

北京文化消费至今仍处于初级阶段。2012年，北京市人均GDP已达1.38万美元，但文化消费仅占家庭收入的4%，而一个国家或地区人均国内生产总值达到5000美元时，文化消费通常应占到家庭收入的30%。我国文化创意产业发展是自上而下推动的，北京虽然走在全国前列，但短板仍然在市场化运营。目前我国文化主消费群体正在发生代际转化，"75后""80后"乃至"00后"的年轻人成为主消费群体，随着消费主体发生变化，消费结构也发生了重要转化，随着4G的普及，社会整体也将进入一个新的消费时代。

目前制约北京文化消费市场扩大的主要是三个要素：观念、费用和方式。观念是指消费者的使用习惯还并没有对移动互联网产生深度依赖，尤其是年龄比较大的消费者，很多连互联网都接触不多，何况移动互联网。费用是指现有手机网络覆盖和网速相对于价格来说是不值的，人们在进行消费之前都要掂量费用是否会过高的问题，对于4G，很多人在听到关于可以流畅观看高清视频的介绍时，都会质疑即使达到这个网速，也不敢用太多流量去看高清视频。方式是指现在针对移动互联网的文化消费方式还处于发展阶段，对于商用应用来说，还有大量可以挖掘的消费方式。

（四）4G将改变首都文化产业的生产方式

关于移动视频的应用，人们常常只是局限在视频通话和在线流媒体两种方式。但实际上，网速带来的视频应用可以将商务办公进一步移动化，过去必须在办公室或者专门的视频会议室召开的会议可以变成每个人利用自己的移动终端进行随时随地的工作会议。这虽然只比3G时代人们利用无线网络wifi展开的应用拓展了一小步，但这一小步是将一部分人从固定的办公场所解放出来的一大步，它是真正意义上的"移动办公"。

北京有67所大学（不含民办），是国家学术的中心，但文化产业的产学研在北京市也尚未得到全部实现。4G普及真正实现"移动办公"，也许能充分调动高校的研究优势，每一个研究者都成为一个移动的办公终端。过去需要高价购买的设备在4G时代可能一个软件应用（APP）就全部实现了。

跨进全球信息传播时代

第六章
媒介融合背景下北京影视媒体
的变革与发展

　　"媒介融合"是美国马萨诸塞州理工大学教授I·浦尔提出的，指各种媒介呈现出多功能一体化的趋势。媒介融合包括技术融合、产品融合、业务融合、市场融合、组织融合等方面。

　　媒介融合过程中，电信、广播电视和出版三个产业不同形式的产品服务的差异明显弱化，甚至消失，而其业务边界交叉与重叠，同时网络平台从专用平台到转换成非专用平台，各个特定设备的连接性增强，不同内容的数字形式的产品通过同一网络和终端设备传输及显示，同一内容的数字形式的产品通过不同网络和终端设备传输及显示，为电信、广播电视和出版打破市场区隔，寻求交叉产品和交叉平台，合理配置资源，创造了必要的技术条件。

第一节　媒介融合对广播影视业的影响

　　当下，国家政策推动与传媒技术创新加速"媒介融合"，媒介融合已经成为大势所趋，技术创新削弱了传统广播影视市场的边界

和壁垒，跨平台、跨网络、跨终端提供内容服务已成为现实，广播影视业格局正在发生重大变革。

一、广播影视业市场参与主体多元化且性质越来越复杂

从创意环节来看，除传统的影视制作机构外，一些国外原创节目模式输出公司也参与进来。在内容生产环节，传统的视听内容服务主要由电台、电视台、影视制作机构等提供。随着媒介融合的推进，通讯社、报业、民营影视机构、商业网站乃至用户都成为内容的生产者。同时，集成商、网络运营商也通过与传统内容制作商联盟或者组建自己的制作机构来向内容生产环节拓展。在集成环节，随着视听业务不断发展和视听新业态不断涌现，将出现不同业务类型的集成平台。[1]

二、重构广播影视产业链

在媒介融合背景下，很难再界定一个市场主体具体属于哪个产业领域。信息数字化之后，电信、广播电视和出版三个产业不同形式的产品服务的差异明显弱化，甚至消失，而其业务边界交叉与重叠，同时网络平台从专用平台到转换成非专用平台，各个特定设备的连接性增强，不同内容的数字形式的产品通过同一网络和终端设备传输及显示，同一内容的数字形式的产品通过不同网络和终端设备传输及显示，为电信、广播电视和出版打破市场区隔，寻求交叉产品和交叉平台，合理配置资源，创造了必要的技术条件，电信业、出版业和广播电视业三大产业的纵向一体化环节就转变为横向一体化产业（内容制作、内容集成、内容传输、内容操控、内容接收），形成新的多媒体产业价值链。三个产业的企业也有了拓展自

---

1 庞井君：《媒介融合背景下中国广播影视产业发展的思考》，《现代传播》，2013年第2期。

己业务领域的机会。它们既可以进行横向一体化，进入数据和音频传播领域，也可以进行纵向一体化，在多媒体产业价值链的一个或多个环节开展业务。对于整个大广播影视产业链来说，因为从未有过的多元参与、新旧融合、多重叠加、价值重构，产业链条变得更宽、更长，并在各环节之间形成交集，构成一个基于最新网络技术发展而不断进行动态调整的价值网。在新型产业链的构建中，形成融合视听服务运营环节。

三、广播影视业所有权发生变化

这个变化一个方面是指所有者的多元化，国有资本、民营资本、外资的分布发生变化；另一个方面是所有权的集中度，主要关注市场竞争结构。在数字电视、IPTV、网络电视、手机电视（移动电视）四大电视新媒体领域，所有权发生了变化。第一，传统内容制作商的市场仍然是限制准入，但所有权多元化程度提高。例如，数字电视发展带来的分销渠道增多，内容需求量增大，为小型传媒公司、专业化传媒制作公司提供了市场空间。第二，新兴内容集成商（平台）的所有权多元化程度较低，集中程度较高。在平台的竞争者准入上，国内市场呈现出低度多元化、高度集中化的局面。[2]

四、广播影视组织结构创新

随着媒介融合的不断推进，广播电视机构将实现从新闻宣传机构到舆论与信息管理者的转变，并在此基础上进行组织流程再造。广播电视组织机构的设置将从舆论与信息管理者的角色出发，着眼建构数字信息平台、舆论互动平台、公共服务平台、个性化订制服务平台等几大服务平台，充分尊重受众信息消费和传播主权，在服

2　胡正荣、柯妍：《媒介融合背景下的电视新媒体所有权变化及其对文化创意产业的启示》，《电视研究》，2010年第6期。

务中实现议程设置和舆论引导。[3]

五、广播影视内容生产创新

随着数字技术、网络技术等新媒体技术的出现，渠道资源变得极其丰富，广播电视价值链中的利益分配正日益朝着有利于内容生产者的方向转移。广播电视竞争进入了"内容为王"的时代，由渠道垄断者转向做媒介内容整合和信息解读的内容集成商，随着手机、数码相机、DV等的日益普及，个人用户不仅消费内容，而且大量制作、上传音视频节目，成为生产内容的市场参与者，创造价值并开始参与收入的分配。全民生产成为媒介融合时代的主流内容生产模式，民众生产、社会专业机构生产、广播电视专业机构生产相结合，将使媒介内容呈现碎片化、巨量化的状态，广播电视机构从内容生产中更多地解放出来，发挥自身专业特长，集中做好全民生产的微内容聚合服务。

六、广播影视规制发生变革

传统媒体规制体制是建立在产业分立和非竞争性市场模型基础上，依照传媒形态和行业特点来划分规制权限，设立不同的规制机构对报刊、广播电视、电影等进行监督管理，而数字化所带来的产业融合和充分竞争则打破了传统规制的基础，对现有的规制体制、规制边界提出挑战。而且在融合中产生的许多新服务，如果按照现存的定义，他们有可能同时适用于多个规制领域，既可以归入这个规制领域，也可以归入那个规制领域，从而形成不同的规制约束。显然，融合使现存的定义难以有效地反映现实境况，造成规制边界的模糊，加大了规制的不确定性。另一方面，融合正在打破传统的产品、市场、

---

3 欧阳宏生、姚志文：《媒介融合：广播电视产业创新的路径》，《当代传播》，2008年第6期。

产业的区隔，要求规制政策制定者减少规制"歧视"现象，消除竞争障碍，促进开放式平台的搭建，为新兴市场的继续拓展，价值链的贯通、规模经济和范围经济的扩大创造一定的条件。

第二节 北京微电影的品牌传播及效果优化策略

微电影，通常指那些专门在各种新媒体平台上播放，适合在移动状态下、短时的具有完整策划和系统制作的视频短片[4]。微电影是新媒介与传统电影交叉融合时代，满足人们碎片化与快餐化的娱乐体验衍生出来的新型电影形态，大多通过网络、手机等传播渠道播放，由于承载量大，信息丰富，传播范围广、传播成本低，定位精准，目前已成为企业品牌推广的重要平台。

从2010年出现至今，随着《李献计历险记》《四夜奇谈》等微电影作品掀起高潮之后，微电影发展引起各方关注，业内预计，到2014年，中国微电影将成为一个700亿元的大市场。另外，目前北京市全力打造"文化之都"，不断提升文化创意产业在全市GDP中的占有率，提高文化信息传播能力。微电影也是媒介融合环境下北京文化信息传播的重要新载体。2011年、2012年、2013年北京连续举办三届国际微电影节，投资公司、行业领先的影视公司、传媒公司及视频网站和移动平台网站参与其中，力图提高微电影制作水准。

一、北京微电影制作和传播特点

微电影独特的制作特点和传播机制，形成了其具有重要意义的集生产、传播、消费于一体的新型传播模式。[5]微电影的发展目前处于

4 百度百科：《微电影》，百度网，http://baike.baidu.com/view/4342291.htm，2013年12月22日。
5 常江、文家宝：《"微"语境下的"深传播"：微电影传播模式探析》，《新媒体与数字化》，2013年第9期：第40—46页。

初创阶段，还没有形成一定的产业规模。目前，国内尚没有权威的统计数字说明全国微电影行业的布局和实力比较。但从制作团队、电影公司和视频网站（网络微电影主要传播平台）的统计和排名上，我们可以看出，北京微电影拥有诸多实力强大的制作团队和播出平台。

（一）微电影制作机构云集

微电影在很大程度上改变了传统电影业的单线／单向生产模式，众多机构开始将更多精力投入到微电影制作中。当前微电影制作主体主要包括专业影视制作机构、视频网站、广告商、独立团体或个人四大阵营。制作主体的多元化显然促进了传播内容和传播形态的创新。

根据本文统计，2011—2012年，网络平台上点击量较多、影响力较大、质量上乘的微电影中，北京公司制作的微电影占了整体的60%左右，显示出目前北京微电影的制作在全国处于领先地位。

国内著名微电影制作机构

微电影名称	制作公司	微电影类型
《男妓回忆录》	北京筷子兄弟	商业广告
《我是陈欧我为自己代言》	北京聚美优品	
《艳遇》		
《上位》	广州	
《老男孩》	中国电影集团	
《findme》		
《私信门》	国际团队	
《66号公路》		
《梦游证》	北京	
《相约山楂树》	北京合润传媒	
《看球记》	北京不亦乐乎	
《09号仓库》		
《双重保险》		
《一触即发》	广东佛山	

数据来源：课题组依据资料综合整理

（二）传统影视公司实力雄厚

相比传统的电影创作需要大笔的资金投入和投资回报的高风险，微电影的投资成本低、制作周期短、回报快、传播渠道广，在投资者眼中具有相当的吸引力，很多电影公司开始试水微电影的拍摄。

北京是影视公司高度聚集的地区。从电影人才和专业机构的聚集程度上来看，中国前十名的电影公司中，由8家公司位于北京，在硬件设施、技术条件、发展水平、人才支撑等方面为北京微电影的制作奠定了良好的基础。在全国前十位的电影集团中，中影集团、华谊兄弟、博纳影业、华夏电影、橙天娱乐等公司都盘踞在北京这块市场上。中影集团参与拍摄的《老男孩》，即是大的影视公司参与微电影制作取得成功的典例。2012年6月18日，华谊兄弟与中国电信天翼视讯共同打造的微电影频道正式上线，宣布了在"微电影"方面展开全面合作，并推出首部微电影《伦敦魅影》，此次行动宣告华谊兄弟将电影产业延伸至短片领域。随着微电影的不断发展，会有越来越多的影视公司进军微电影行业。

全国十大电影公司区位统计表

排名	公司名称	公司地点
1	中国电影集团	北京
2	上海电影集团	上海
3	华谊兄弟传媒集团	北京
4	博纳影业集团	北京
5	光线传媒有限公司	北京
6	西部电影集团	西安
7	华夏电影发行有限责任公司	北京
8	橙天娱乐(国际)控股有限公司	北京
9	华亿联盟文化传媒有限公司	北京
10	大盛国际传媒有限公司	北京

数据来源：课题组依据资料综合整理

（三）微电影播放平台聚集

与传统电影不同，微电影从一开始就是通过新媒体平台进行传播的，新型传播平台适应了受众只有零碎的时间来进行娱乐的需求。新媒体播放平台上的微电影一般都可以实时和免费观看，其传播的时间和空间限制都大大减少。北京是视频网站聚集之地，为微电影传播创造了良好的平台。

2012年影视类视频播放网站排行榜中，前十位的视频平台和网站都位于北京，加之北京优越的商业资源和娱乐消费水平，北京在未来微电影行业发展中举足轻重的地位和影响力。视频网站是微电影的主要播放平台，据统计，中国前十名的视频网站上，基本上微电影的数量都超过了1000部，有的甚至超过4000部（下表所示）。从2010年到2013年，短短三年时间内，微电影在几大视频网站上所占的比重都不断增加，可以看出其强劲的发展态势。

北京微电影主要播放平台排名

排名	网站名称	微电影容量	所在地区
1	优酷土豆	>2000部	北京
2	酷6网	>2000部	北京
3	搜狐视频	>2000部	北京
4	爱奇艺	>2000部	北京
5	56网	>4000部	北京
6	央视网	<1000部	北京
7	新浪视频	>2000部	北京
8	迅雷看看	>1000部	北京
9	乐视网	>2000部	北京
10	PPTV	>1000部	北京

数据来源：本文作者依据资料综合整理

二、北京微电影的品牌传播：类型与动因

微电影由于具有投入少、时间短、适合人们碎片化的娱乐消费

习惯等特点，深得商家的青睐，从诞生之日起便与品牌传播有了千丝万缕的联系。另外，微电影无法向传统电影一样，通过票房赚取利润，也不能像电视剧一样获得版权收益。[6]所以以企业品牌传播为目的的植入式广告就与微电影内容紧密联姻，为微电影制作机构提供可靠的收入来源。

商业微电影，一般都是商家定制，广告公司监理，专门的影视团队进行制作，进行品牌传播。比如为凯迪拉克代言的《一触即发》，益达口香糖的《酸甜苦辣》系列，保时捷的《私信门》。另外还有商业赞助比如《老男孩》，由雪弗兰汽车赞助，分摊相应成本。国内一些官方部门为了实现公益和社会效益专门拍摄宣传片，比如法制宣传片，公益宣传片，科普宣传片。一些高校的机构，也利用微电影的形态，为自己打造品牌形象，增强影响力。这类电影不以追求经济效益为目的，而是注重社会效益，一般有政府机构进行投资，在某种程度上，丰富了微电影品牌传播方式。2012年，北京市旅游发展委员会为拍摄北京旅游形象宣传片及北京旅游微电影公开招标，2013年5月7日，房山区为微电影《云居寺》专门召开汇报会，会议的主旨就是通过多种媒体广为宣传，为进一步宣传房山区作出新的贡献。这两种微电影都可以起到品牌传播的作用。

目前微电影品牌传播中，商业微电影扮演了重要角色，大部分独立制作的微电影也会植入广告。据易观智库的统计数字发现，目前视频网站的用户20—40岁之间的人群占到了79%，也就是说视频网站用户基本上是"70后""80后"，他们大部分是受过高等教育的年轻群体，并正在成长成为未来中国的社会主力。这个群体适应了珠宝、汽车、旅游、快消、金融等产品，适应了新时代的节奏，适应了碎片化的信息时代，微电影这种文化快餐，更适合他们

6 聂伟、吴舒：《微电影：演变、机遇与挑战》，《上海大学学报》，2012年第4期。

的节奏，当然也就有了自己的市场。[7]有了观众群，就有了注意力，这是广告商最为需要的。所以，微电影诞生之日起就和广告商结下了不解之缘，商家靠广告传播品牌，广告和品牌与微电影在默契的配合下，各自满足自身的发展。企业和商家借助微电影进行品牌传播的主要动因如下。

第一，微电影有比广告更好的传播效果和传播方式。微电影属于微型电影，兼具电影属性的优势，决定了它可以更好地讲故事，形成品牌联想和强有力的记忆认知，有利于抓住观众的注意力，进而服务于广告商。比如益达公司出品的《益达·酸甜苦辣》系列，通过四部广告塑造了品牌的故事性，性格鲜明的人物和爱情的主题，传达了"无论酸甜苦辣，都有益达"的品牌形象。这种形式比以前的单纯的广告更有感染力和说服力。

第二，微电影可以进行多价值维度的品牌传播。一般来讲，一种产品最多可以为消费者提供三种价值的满足，分别是功能价值、体验价值和象征价值。功能价值一般是指它能实现的实用价值，比如能用；而体验价值和象征价值则体现在是否能给客户好的感受和一种特别的存在感，比如与消费者是否有品位和情感上的互动和自我实现感。微电影作为一种文化产品，可以轻而易举地传达文化信息，让人们在消费其功能价值的基础上，得到体验价值和象征价值。在《一触即发》中吴彦祖的表演、着装、凯迪拉克的车身设计、功能定位，都体现出高贵、神秘、有力等气质，这可以更好地给观众心理需求上的满足，体现自己的社会地位和名望。

第三，微电影可以更好地实现分众传播。中国互联网信息中心报告指出，视频网民不仅在日常支出（包括外出吃饭、休息娱乐、化妆品、护肤品、健身运动、营养保健品）上高于整体网民，而且

---

7 刘辛未：《试析融媒体语境下微电影的多元化传播平台》，《新闻研究导刊》，2013年第7期，第22—26页。

在较高层次的产品（投资理财产品、家电数码、旅游等）需求上高于网民平均水平。视频网民的使用数量已经达到了整体网民数量的65.9%，基本上也集中于20—40岁的人群中间，也是微电影的主要观看群体。微电影的观看对象，一般是集中在20—30岁之间的人群，这个人群普遍较为年轻，基本介于"80后"和"90后"，这个群体的消费习惯、消费心理、消费特征，都有一定的共同性，有助于商家更好地进行分众传播，精准地进行广告投放。同时，碎片化的信息时代里，时间成为稀缺资源，微电影满足了人们的娱乐诉求，所以利用微电影进行品牌传播，比传统的电视媒体和互联网广告更有针对性。

三、优化北京微电影品牌传播效果的思考

如今各大网站和媒体抢滩微电影领域，更多的专业化的队伍，大型影视机构，知名导演、当红演员等加入微电影行业中。在北京，顾长卫、许鞍华、姜文、黄渤等电影人纷纷开始尝试这种拍摄时间短，灵活播出的新电影类型。继优酷出品的"2013大师微电影"上线数位知名电影人的微电影之后，微电影也开始走上了制作精良，名导操刀，明星演绎的专业道路。北京拥有众多的文化公司，电影集团，演艺人员，文化需求，最先进的新媒体平台，这些因素都会促使北京微电影井喷式的发展。如何优化微电影品牌传播的效果，让微电影在激烈竞争的文化产业中有一席之地，不断创造社会价值和经济价值，需要耐心的培育和引导。

（一）成功的创意是微电影品牌传播的关键

微电影的迅猛发展，让更多的商家和广告主盯准了商业定制微电影，但是，在内容中过多地加入广告，必然导致观众审美期待的不断透支，心生抵触。[8]整个微电影行业充满过浓的商业气息，也

---

8 赵磊：《论微电影网络传播的利与弊》，《大众文艺》，2012年第20期，第156页。

必将引起网友的极大不满。原土豆网CEO王微表示，虽然今后将重点培养微电影产业，但是一定会避免微电影的"广告化"。优酷的CEO古永锵表示"微电影走长广告之路必死"的担忧。微电影虽然有些不同于传统电影的属性，但是它毕竟是电影的一个类型，也是内容产品的典型代表，内容产品注重创意和内涵，有真材实料，才能够引起受众的兴趣，并为观众所期待和喜爱。微电影虽然与广告有千丝万缕的联系，但是也不应该喧宾夺主。在成长初期靠广告维持其比较粗放的发展方式，勉强可以支撑一个行业的发展，但是长此以往，一定会被市场和受众所摒弃。微电影也要遵循"内容为王"的内在规律。内容好坏决定了未来微电影的发展。

（二）细分市场，实施精准的品牌传播

大数据时代，对观众准确的定位会进一步推动微电影的发展。面对越来越多的作品和竞争者，需要的是对微电影的市场进行细分才能实现更加精准的品牌传播。

近几年，我国手机网民数量快速增长。越来越多的人用手机看视频，手机正在抢占更多的用户数量。微电影的特点适应了手机终端的特性，可以更加便捷地满足人们娱乐的需求。微电影如何在手机平台以及其他平台上比如IPTV、移动电视等更好地传播品牌，成为了未来几年的微电影发展的重要问题。

"在一个无时无地都相互联接的C时代（The Connected Era），个人电脑、电视、智能手机、移动电子显示屏、平板电脑等诸多小屏幕竞相分割着受众的观看视野。"[9]媒介融合也使微电影逐渐打破新媒体与传统媒体之间的藩篱。电信网、广播电视网、互联网在向宽带通信网、数字电视网、下一代互联网演进过程中必然将微电影送入各个平台，电影用户群会进一步扩大到PC端用户、电视

---

9 李淑娟、漕慎慎：《当电影遇见新媒体——微电影观念与实践初探》，《当代电影》，2011(8)：第140—141页。

机端用户和手机端用户，这也给微电影多平台发展提供了新契机和更广阔发展空间。

（三）树立理性心态，耐心培植行业发展

微电影的发展在刚刚起步三年里，已经取得了不俗的成绩。虽然北京微电影乃至全国的微电影行业尚未产生很多的产值和效益，尚未成为一个产业，盈利也不多，主要依靠植入广告盈利局面尚未得到彻底改变，但是很多公司已经开始积极的探索多元化的商务运营。无论是政府还是企业，对于一个行业的发展，理性的心态有利于打造合适的政策环境和商业环境，促进行业发展。

第三节 北京网络视频市场竞争格局与商业模式

目前，在媒介整合及三网融合大背景下，网络视频业进入井喷式增长的"快速发展期"，成为文化产业发展最活跃的新生力量。据统计，2013年第三季度，中国在线视频市场规模达32.5亿元，同比增长37.3%，环比增长6.7%。[10]专业视频网站、互联网行业巨头、电信运营商、传统媒体进一步加大对网络视频业的资金、技术、品牌及人员的投入，移动终端的视听业务、OTT TV业务、一云多屏业务成为市场竞争的热点。

作为首善之区，北京一直是互联网公司和视频网站的重要聚集地，主导全国网络视频业的竞争格局，新的商业模式和细分市场不断涌现，产品差异化程度加大，盈利模式趋于多元化。另一方面，北京近两年加快推进文化与科技融合战略，重点实施了高清数字电视交换推广工程、云计算、云服务平台、数字文化社区等一大批重点项目，充分利用首都的区位优势、文化优势、科技优势、资本优

跨进全球信息传播时代

---

10 艾瑞咨询：《2013年在线视频核心数据发布》，艾瑞网，2013年11月2日，http://www.iresearch.com.cn/coredata/2013q3_8.shtml#a3。

势，着力建设中关村国家级文化与科技融合示范基地，加大三网融合、物联网等关键技术的攻关，推动了一大批科技成果的运用，为北京网络视频业进一步扩大规模、提升影响力奠定了良好基础。

一、市场竞争格局：从完全竞争到寡头垄断

近年来，网络视频业发展迅猛，已形成自己完整的产业链，由内容提供商、平台运营商、技术提供商、分销商、广告主、用户等要素构成，市场竞争格局也经历了一个从完全竞争向寡头垄断转变的过程。自2004年以来，随着P2P技术在流媒体方面逐步应用，视频质量突飞猛进，加上受到美国YouTube模式成功的影响，电信机构、互联网在线服务提供商、内容提供商、技术公司纷纷进入市场，视频网站一度暴增到上千家，一味通过提高带宽和视频数量来抢夺用户资源市场陷入混乱无序的完全竞争状态。

2007年至2010年，随着市场发展的逐步成熟和国家相关政策的出台，以及正版意识的加强，传统媒体和门户网站进军网络视频业，市场进入壁垒提高，大量小型视频网站逐渐被淘汰，市场竞争格局进入垄断竞争阶段。2011年、2012年这两年，视频网站运营商加速资源整合，市场竞争格局进入寡头垄断阶段，少数几家具有一定垄断性的市场寡头主导市场，实力相对较弱的中小视频网站则通过转型细分垂直市场谋求新发展，整个行业由粗放经营阶段逐步进入集约型经营阶段，版权采购、UGC、自制剧等为网络视频业的发展提供丰富资源，视听内容来源日趋多元化，价值链和商业模式正在逐步完善，广告、渠道分销、付费视频成为主要收入来源。

目前，北京网络视频业主要由三类领军型的企业、机构主导或者影响整个市场竞争格局。

第一类是各类国有背景的视频网站，如中国网络电视台（CNTV）、北京电视台新媒体中心等，这些网站在许可证获取、审

核政策、政治性注资，甚至品牌等方面具有优势，但由于其内容制作及运营方面延续了传统媒体模式，竞争意识不强，在用户数量和品牌认知方面落后于专业视频网站和兼营视频业务的门户网站，只有中国网络电视台（CNTV）等个别网站具有市场竞争力。

第二类是传统互联网门户网站建立的视频网站，如新浪视频、搜狐高清等，是第一代互联网企业在视频领域的延伸。2010年，依靠门户网站的品牌、用户、资金等优势，搜狐、新浪、网易等均推出视频频道。2012年10月26日，搜狐视频顺利完成分拆。2012年迅雷建立以"迅雷看看"为核心的数字内容发行平台正式，迅雷看看正式进入子品牌独立运营阶段。搜狐视频及迅雷看看的独立运营标志着视频业务在互联网企业集团中的核心地位提升，这对于传统互联网门户网站视频业务的品牌形象、业务运营及广告销售都会起到重要作用，也势必将引发网络行业重新洗牌。

第三类是从零起步，自主创业的专业视频网站，如优酷网、PPTV、乐视网。目前国内有多家专业视频网站在运营，这些网站在国有、传统势力的挤压之下生存，具有市场的敏感性和经营上的灵活性，在技术、内容、营销等方面已经形成了专业特色，访问量居于国内领先地位。但是随着专业视频网站由原创视频分享业务转向综合视频网站经营，版权成为困扰其发展的一大难题，很多专业视频网站出现产品同质化、运营成本高等一系列问题。

如今，北京视频网站市场已经进入到深层次竞争阶段，行业竞争更多体现为资本角逐及品牌创建，实力雄厚的领军型企业或机构都在通过并购、上市、重组等资本运营整合资源，打造自己的品牌特色，试图在价值链上获得主导权，同时强化与价值链上下游、业外企业的战略合作，通过多平台的增值服务来增加收入来源，形成了所谓的"321"的寡头垄断竞争格局。"3"指搜狐视频、腾讯视频、爱奇艺这三家依托门户网站的视频网站，他们结成了VCC组织，以实现资源

互通，平台合作。"2"指优酷、土豆两家综合的视频网站，二者已经合并，用户规模占有绝对优势，从而获得与版权方及广告主的谈判资本。"1"指拥有行业最全的影视剧库的乐视网及其共建视频合作平台的合作伙伴。其他一些起步较晚、规模较小的视频网站，由于很难找到自身的核心竞争优势，资金支持不足，会选择走差异化路线，占领细分市场的用户群，寻找盈利的"长尾"。

二、北京网络视频的三种主流商业模式

商业模式是一个由很多因素构成的系统，是对企业至关重要的三种流量——价值流、收益流和物流的唯一混合体。20世纪90年代中后期，互联网创业浪潮的兴起，商业模式逐渐成为一个常用的术语和人们关注的重要问题之一，直接影响市场规模的扩大和盈利空间的拓展。网络视频业在高速发展的同时，也面临版权成本、带宽成本高昂，视频广告价格较低，付费用户规模较小等发展困境，以及如何立足本土市场，有效配置内容资源，理顺与用户、供应商、其他合作方的关系，建立与核心能力相匹配的盈利模式，确立竞争优势，在市场价值链上占据主导地位等诸多问题。

目前北京视频网站有三种主流商业模式：用户自生产内容的UGC模式、提供专业化内容的PMC模式、UGC+PMC混合模式。

（一）用户自生产内容的UGC模式

用户自生产的UGC（Users Generated Content）模式强调"用户生产、用户享有"，内容由普通用户创造、生产，主要在互联网上传播，作为内容集成商的企业或机构会为用户提供信息技术服务和资源整合平台。随着用户成为内容生产的市场参与者，他们不仅创造价值而且参与收入的分配，而且与提供平台的内容集成商一起分享广告及其他收入。

采用UGC模式运营的视频网站实行低成本的内容策略，走"免

费+短视频+广告"道路，但强调用户自主建设网络内容的理念也带来了经营中一些的弊端：非专业化的内容和不合法版权视频大量存在，无法对专业的广告主产生足够的吸引力。在国外，YouTube网站是UGC模式样板；在国内，土豆网、酷6网、56网是该模式代表，主要采取利益分享的方式，将广告收入与个人视频拥有者进行共享，但由于版权和广告经营困境，近两年只有约10%的UGC在线视频网站仍然在坚持运行。近两年来，采用UGC模式的视频网站重点布局社交视频，或与国内微博、社交网站和社交视频平台展开合作，或自己开发社交视频软件，但社交视频平台是否能扭转UGC模式的运营困境尚有待观察。

其中，酷6网在2011年由版权模式转向UGC模式，推动"大平台、大网络、大社交"布局，试图借助社区化UGC内容的优势来获取更多的广告收入。酷6网目前主要通过原创内容的广告分成来获利，其中级别高的播客分成比例就高，最高比例达到五五分成。2012年财报显示，酷6亏损有所收窄，其第四季度净亏损298万美元（约合人民币1857万元），而上年同期净亏损394万美元；但收入增长却有些乏力，第四季度总营收为335万美元（约合人民币2087万元），同比下滑24.2%。[11]

（二）提供专业化媒体内容的PMC模式

提供专业化媒体内容的PMC（Professional Media Content）模式实行高成本的内容策略，走"正版+免费+广告或者正版+付费"的经营道路，内容来源稳定、合法、质量比较高，制作费用和版权购买费用高，但也克服了用户自生产内容可能会带来的一系列问题，容易获得更多品牌广告主的青睐，也为培育用户付费市场奠

11《中国证券报》：《酷6收入增长乏力尝试转型》，搜狐网http：//business.sohu.com/20130410/n372178899.shtml，2013年5月20日。

跨进全球信息传播时代

定了基础。在国外，Hulu网站是该模式成功运营的典范。[12]国内模仿Hulu网站，采用PMC模式的代表网站有爱奇艺、中国网络电视台（CNTV）等。由于中国影视版权的极其分散，内容聚合能力成为模仿Hulu模式的经营者主要的门槛。另外，走版权分销道路的乐视网采用的也是PMC模式。

其中，全面进军正版、高清、长视频的爱奇艺是具有中国特色的PMC模式网站，以百度——我国中文搜索市场的垄断者为靠山，整合多方内容资源，重点布局综艺自制节目领域，启动"奇艺出品"战略，通过百度视频搜索的推荐，为其带来丰富的流量和有利的行业地位。另一方面爱奇艺靠技术制胜，在全国过百城市自建CDN（Content Delivery Network，即内容分发网络）。[13]2012年爱奇艺网站还提供了以海量数据分析为基础、用户信息为导向、精准云计算为杠杆的多屏营销解决方案，以及针对不同企业广告主的营销组合方案。

乐视网也是采用PMC模式运用的典型网站。目前乐视网已经拥有90000多集电视剧和5000多部电影，拥有行业最全的正版影视库，是我国A股第一家上市的视频网站。乐视网依托丰厚的专业内容资源，建立了独家版权分销体系，通过购买第三方内容的独家播映权和再销售权利，之后转授给其他购买者，不但抵冲购买版权的成本，还能从中谋取利润。另外，乐视网采用收费产品和免费产品相结合的赢利模式：对普通的用户提供相当于VCD标准的免费内容服务；对收费用户，则提供可以将电脑和电视机相连接的高清晰内容，也提供手机端的视频浏览服务，实现了三屏合一。由于商业模式建构较为完善，乐视网较早实现了盈利。在过去三年，乐视营业

---

12 杨馨：《PMC模式在线视频网站中国化探索》，《当代经济》，2012年第10期，第43—44页。
13 李晓红、朱辉颖：《视频网站盈利模式与运作创新》，《重庆社会科学》，2012年第10期，第48—55页。

收入从2010年的2.38亿元增长到2012年的11.7亿元，增长392%，净利润从0.7亿元增长到1.94亿元，增长177%。[14]

（三）UGC+PMC的混合模式

国内采用UGC+PMC混合模式的网站大致分为两类，一类是专业视频网站，这一类型的网站多半是在UGC盛行时期已经开始运营，有着良好的用户基础，不愿放弃其已经经营多年的UGC模式，但也看到了PMC模式未来的可能性，于是将两者结合起来，如中国最大的在线视频网站优酷土豆，另一类是门户网站的视频频道，依托其门户网站流量和渠道优势，采用用UGC+PMC模式来提供多元化的视频资源，形成竞争优势。

在该模式中，经营者充当内容集成运营商角色，一方面，利用新技术降低信息搜索成本，集合用户自生产的低成本内容，面向细分化的"长尾市场"提供服务，满足特定用户的需求，拓展UGC差异化营销价值；另一方面，他们也从内容生产商手中购买不同来源、不同品牌的节目，然后进行分类、集成、打包和销售，面向"头部市场"提供服务，吸引用户流量，或者自制影视剧和综艺节目，向电脑、手机、平板电脑等多平台提供高品质内容，在用户规模和市场份额方面成为市场领先者。2012年优酷网与采用UGC模式的土豆网合并，搭建综合视频平台，向产业链上游发展，制作拥有自主版权的剧集，有效降低内容采购成本，提升广告议价能力。

该模式以广告为主要收入来源，同时建立多元化的收入体系来维持商业运营，从而在市场价值链中保持掌控地位。近年来，优酷土豆通过定向投放系统、频次控制体系、BEE效果评估系统、优酷指数以及倡导推行合格的第三方监测，赢得了百胜集团、联合利华、宝洁、欧莱雅、百事可乐、可口可乐等知名客户的认可与规

---

14 小宁：《乐视是个颠覆者吗？》，网易财经，http：//money.163.com/13/0408/16/8RV0IHAR00253G87.html，2013年5月20日。

模投放，同时发力移动端，向二三线城市发展，推进收入来源多元化，强化品牌差异化运营。

总而言之，作为新兴行业，网络视频业发展环境将日益完善，国家正在推动文化产业成为国民经济支柱性产业，三网融合全面启动，构建宽带、融合、安全的下一代国家信息基础设施正在推进之中，未来几年视听新媒体会出现大发展、大竞争、大分化、大组合的格局，具有一定市场垄断性的市场寡头继续通过纵向一体化策略，控制产业价值链，提高市场集中度，并注重品牌运营与合作经营，整合产业内外的资源，提高行业整体盈利能力。

第四节　媒介融合环境下北京影视媒体的版权运营与内容资产构建

影视产业是版权产业中的重要组成部分。"影视版权交易是指影视作品版权中全部或部分经济权利，通过版权许可或版权转让的方式，以获取响应经济收入的交易行为"。[15]近几年，我国影视业发展迅速，产值不断提升，伴随的版权交易行为也不断增多，体量不断扩大。

一、版权价值最大化：影视媒体的版权运营

版权价值是影视产业价值链的核心。影视产业也是如此，一个好莱坞大片，前期的放映收入只是其总体收入的一小部分，很大一部分收入来自于其授权给电视台，新媒体平台的版权收入，以及授权给特许经营的产品收入。版权连通了影视产业的价值链条，并实现价值的环环相扣。版权价值是影视产业的核心价值，在影视产业

---

15 张黎、张武琪、徐助成：《影视版权交易研究》，《江苏科技信息（学术研究）》，2012年第1期。

文化北京

→168←

的发展中，追求影视产业版权价值的最大化，是产业成熟的标志。

版权是影视产业的核心，所以版权价值最大化，也就成为整个影视产业所追求的原始动力和最终目标。一张空的光盘售价仅仅几元钱，承载着影视节目后售价高达数十元，甚至数百元，其差价就是知识产权所保护的智力劳动成果——影视作品的价值，也就是该智力成果知识产权的价值。如果没有知识产权中的版权保护，就不会有好莱坞，也不会有今天影视产业的蓬勃发展。版权价值最大化意味着在影视产业链中，充分开发利用版权可以产生的价值，不仅仅包括对于核心产品的开发，还包括对相关衍生产品的版权价值开发，最终实现版权价值的最大化。

二、北京影视媒体版权运营：优势与挑战

影视产业主要是指以电影和电视节目为主要经营内容，经过制作、发行、营销等环节，为消费者提供文化消费产品，从而获得经济价值的产业。在影视产业的发展中，版权不仅仅体现着交易量和产业规模的大小，更体现出市场规范和产业结构的成熟性。近几年，中国的电影产业发展迅速，电视产业不断刷新交易纪录。

北京是我国文化产业发展的领头羊，影视产业有着举足轻重的地位和作用，影视媒体版权运营也走在全国前列。以下以电影产业和电视产业为例，总结分析北京影视媒体版权运营的现状和困境。

2007年到2013年，电影产业规模持续增长，从60亿元上涨到295亿元。虽然以每年10%以上的速度高速成长，但是我国电影产业的版权交易目前仍然属于成长期，距离成熟期还有很长的过程。业内预测，在未来的十年中，我国电影产业将持续高速上扬的态势，版权交易的总额也不断提升。

2007—2013年中国电影产业规模图

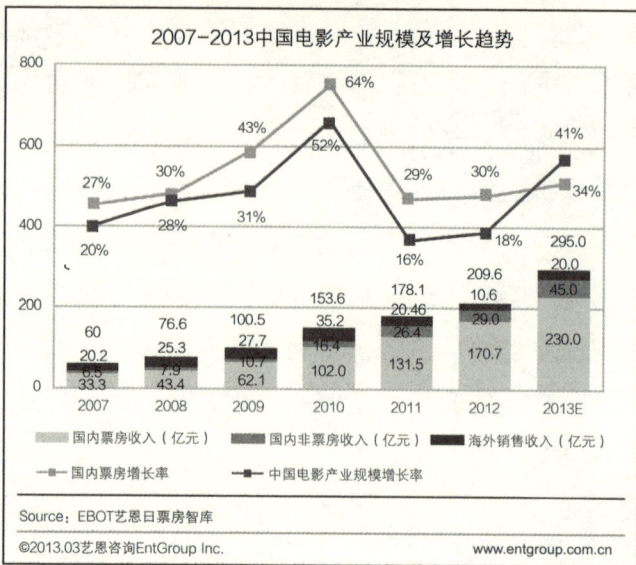

2007-2013中国电影产业规模及增长趋势

国内票房收入（亿元）　国内非票房收入（亿元）　海外销售收入（亿元）
国内票房增长率　中国电影产业规模增长率

Source：EBOT艺恩日票房智库

©2013.03艺恩咨询EntGroup Inc.　　　www.entgroup.com.cn

数据来源：艺恩咨询

　　根据艺恩咨询的统计报告，2012年电影版权交易总量持续上升，总体规模达到了12亿元，比2011年上涨了25%，其中新媒体版权收入增长放缓，从2011年的113%下降到55%，占比逐渐与电视版权收入持平。随着新媒体推出自制剧的力度加大，预计2013年新媒体版权收入会进一步放缓。根据电影产业规模的增长率，从2006年到2013年上半，增长速度都在10%以上，并在2013年走高到35%，代表着中国电影产业进入了成长期——增速最大的阶段。电影产业高速发展，作为电影产业核心的电影版权交易也水涨船高。

　　在电视节目方面，北京市近几年也取得了很比较大的成果。2013年4月2日，由北京市广播电影电视局，北京怀柔区人民政府主办的北京电视节目交易会在京举行，交易会共实现电视剧、纪录片、动画片等电视节目版权交易总额达到50.28亿元。此次交易会产生交易总量达到了25000集，比2012年秋季的首都电视节目推介会增加了20%左右，并且新增了动画片和纪录片的版权交易。

2007—2013年中国电影版权收入

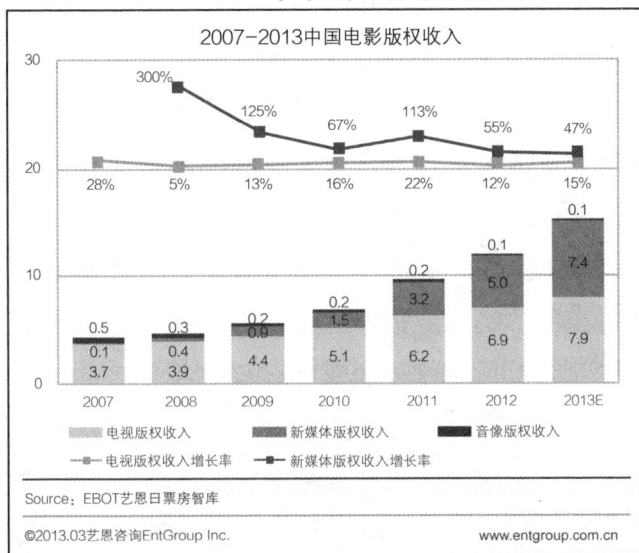

数据来源：艺恩咨询

（一）北京市影视版权运营的优势

影视版权交易方式多元化，逐渐改变了直销为主的格局。如果说十年之前，北京的电视台还是电视剧发行营销的主要对象，目前，这种状况已经被新媒体的兴起而打破。电视剧的交易方式从单一的直销方式，更多地转变到了电视节目展，新片推介会，还有网上的影视版权交易网，在新的交易形式中，电视节目交易会和影视版权交易网，发挥出越来越大的作用。

第一，北京成为中国影视产业版权运营领头羊。在中国电影产业发展迅猛的同时，北京影视产业也当仁不让地成为中国影视产业发展新高地。北京市副市长鲁炜曾表示，当今是中国电影的最好历史时期，北京作为中国的文化中心，制定了努力把北京建设成为电影精品力作不断涌现，影院布局便民合理、公共服务保障有利，产

业体系完整成熟、国际影响力显著增强，管理和人才队伍发展壮大，国内第一、亚洲领先、世界一流的影视之都。十七届六中全会明确提出要"发挥首都全国文化中心示范作用"，北京市政府也相继推出了一系列发展文化产业的政策和措施，勾勒出北京建设社会主义先进文化之都的发展目标。北京影视产业人才积聚，原创动力强劲，消费群体庞大，影视需求旺盛，产业体制相对完善，这些都为影视产业的发展注入了动力。

第二，新媒体版权交易市场不断扩大，交易渠道增多。根据艺恩咨询近日发布的一份研究报告显示，由于视频网站对影视剧采购热情不减，2013年中国影视剧新媒体版权市场全年收入将突破30亿元，达到创纪录的32亿元，是2009年的3.6倍。以乐视网为例，以5000万元的高价购买《新编辑部的故事》的网络独播权，在2012年购买《甄嬛传》，平均每集网络版权价格为26万元，影视剧新媒体版权价格不断攀升，北京拥有着全国最多的视频网站，全国十大视频网站几乎都在北京，它们对影视内容的购买需求最为强烈。新媒体版权交易的扩大，得益于影视内容传播渠道的增多，进一步打破了电视台垄断播放渠道，造成版权交易不公平的局面，进一步完善了中国的版权交易市场。

第三，影视版权交易市场集中度较高，市场成熟度上升。2012年，中影集团、亚美华天下、华谊兄弟、华夏集团、光线影业等10家公司占到了全国发行市场份额的80%以上。几家大的影视公司占到了整体市场份额的80%以上，足以证明影视版权交易的市场集中度属于垄断竞争型市场，一般垄断竞争型市场属于比较成熟的市场形式，也标志着中国影视版权交易市场的相对成熟。

虽然没有关于这些大公司版权交易的具体统计信息，但是这些公司所制作的电影，基本上覆盖了国内的电影院线、电视屏幕、新媒体视频网站，可见其版权交易也总体上集中于这几个大型公司和机构。

以华谊兄弟为例，2011年1月，华谊兄弟三家公司，包括北京华谊兄弟娱乐投资有限公司，出售19部电视剧的网络使用权，与乐视网签订了《信息网络传播许可使用协议》。乐视网的此次购买华谊兄弟的19部电视剧，旨在增加影视版权库的内容储备。2012年2月，华谊兄弟与上海嘉定工业区合作，建立华谊兄弟文化城，文化城里面的音乐、影院、游戏板块，都经过华谊兄弟的授权。2010年华谊兄弟与巨人网络成立合资公司，合作运营巨人网络的3D大型多人在线扮演游戏《万王之王3》。华谊兄弟想通过影视版权的优势，将这些影视作品转化为娱乐项目，改变成游戏，通过品牌授权进行更多的延伸开发。

2012年中国电影发行企业市场份额

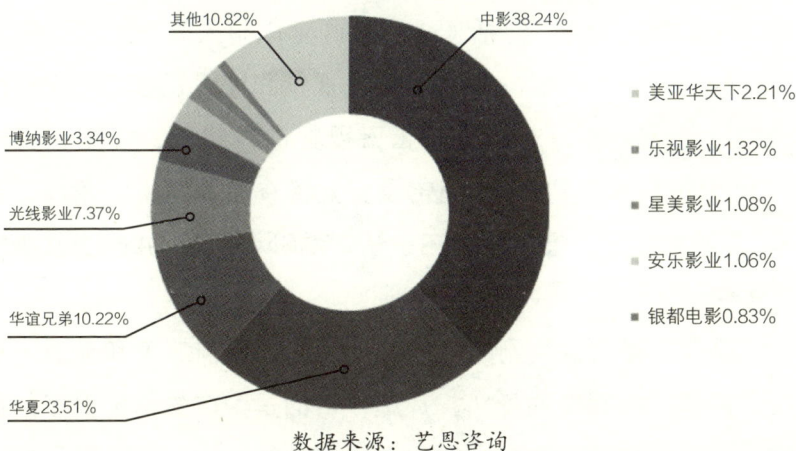

其他10.82%
中影38.24%
美亚华天下2.21%
乐视影业1.32%
博纳影业3.34%
星美影业1.08%
光线影业7.37%
安乐影业1.06%
华谊兄弟10.22%
银都电影0.83%
华夏23.51%

数据来源：艺恩咨询

（二）北京市影视版权运营面临的挑战

随着网络视频正版化的快速发展，影视制作的营销对象除了电视台，还增加了新媒体平台和手机平台，影视制作机构有望突破地位上的弱势，在更开放的市场环境下进行市场竞争。这种现象说明中国的影视版权交易正在向更加开放的市场化轨道上运作，但是北京市，乃至全国在影视版权运营上，仍然存在很多问题。

第一，影视版权的保护不够，侵权事件频发。影视侵权的现象目前在中国发生频率较高。有的是电视侵犯了电影公司的知识产权，有的是互联网侵犯了电影公司的知识产权，有的是网吧等实体侵犯影视制作公司的知识版权。

2009年10月，上海电视传媒公司《杜拉拉升职记》将该剧的信息网络传播权、传播过程中的广告经营权收益权等权利授权给搜狐。2010年4月，搜狐发现土豆网上播放该剧，在制止未果的情况下，搜狐向法院提交了诉状，要求判令土豆网停止播放该剧，并赔偿相关费用共计10万元。2012年，搜狐视频、腾讯视频、PPS网络电视上演了"版权大战"。起初，腾讯视频状告PPS网络电视盗播包括《北京爱情故事》在内的五部独播影视剧，向PPS索赔上千万元人民币。随后，搜狐视频也谴责PPS对其独有版权作品侵权，总共近800集的电视剧，包括《心术》《全职猎人》等剧作。面对几家公司的起诉，PPS副总裁表示腾讯视频和搜狐视频对PPS的侵权行为影响巨大，公司对搜狐和腾讯视频进行起诉，索赔金额过亿元。2010年，华谊兄弟状告酷6侵犯其《夜宴》网络传播权，虽然酷6网百般地狡辩，最后法院还是认定酷6网侵权，并勒令其赔偿并停止侵权。

电视台在播放电视剧的时候，往往只播出前三集和最后一集的片头、片尾，中间集的片头、片尾，目的是为广告留出更多的播放时间。电视台普遍存在超出约定播放次数的情况，都一定程度上损害了电视剧制作方的权益。

第二，公平的交易机制未形成。虽然新媒体的发展增加了影视节目的播放渠道，但是新媒体的出现也给影视节目版权造成了困扰，现在国内的几大视频网站都不同程度地存在着影视侵权问题。比如百度、酷6网、土豆等，都曾经被牵扯进侵权案件中。很多电视台以很低的价格购买民营影视企业的电视剧，电视剧广告收益可以占到电视台总收益的60%，但是电视台购买电视剧的花费往往只占总体收入的20%，在电视台与影视公司交易的过程中，由于电视台享有渠道上的优先权，并在很长时间内保持了垄断的地位，导致了民营影视企业在交易的过程中处于劣势，生产的大量电视剧只有一小部分可以卖出去，并卖不到理想的价格。

除此之外，据调查，80%的民营影视企业都遭受过拖欠问题，电视台拖欠片款，出售片价较低成为制约民营影视企业发展的瓶颈。网络侵权以及其他形式的侵权之所以频发，是因为影视产业在快速发展的过程中，有很多制度性的问题还没有解决，虽然有版权法和相关协会的监督，但是不断凸显的侵权问题让这些机构应接不暇，无法真正地应时作出反应，长此以往，影视制作企业的积极性会大大的减弱，同时也减弱了影视节目的创新度。

第三，缺乏专业的版权交易平台。2010年，国家广电总局正式批准设立了首家全国影视版权交易机构，版权交易中心。但从业内人士了解到，从这种平台上交易的影视剧作品仍然比较少。很多影视剧的交易仍然保持着直销的状态，没有遵循市场的规律进行交易。我国还未形成一个公平公开、规范稳定、全国统一的版权交易市场。影视产品版权交易处与松散的状态、新型的版权交易利用率还不高。

第四，现行著作权法的不完整。近年来，我国制定并实施了《信息网络传播权保护条例》《侵权责任法》等法律法规，法院在案件审理的过程中也对网络侵权责任等问题有了较为主流的意见，但在实践中仍然存在着很多不明确的问题。比如2006年《信息网络传播权保护条例》所存在的一大缺陷是只定义信息网络传播权为有线和无线方式，但是却没有包括"点播"（VOD）的形式，也就是并不管辖未经许可通过网络实时传播节目的行为。这在执行上让许多影视侵权问题难以界定过错方，造成了法律执行上很多的不便。

还有包括对"知晓""删除时效性"等问题的判断，都存在一定的模糊情况。

三、媒介融合环境下北京影视媒体内容资产的建构

在媒介融合及三网融合的大环境下，传统的广播电视网、电信网和互联网通过技术改造，其功能和特征趋于整合之后的相似性和一致性。互联网可以点播任意的广播电视资源、广播电视可以实时播放互联网的内容。技术上和业务上的融合中，内容必然面临重新被利用、开发、转化、管理、交易，这些商业上的操作都以各个媒体资产的数字化为基础。[16]只有经过了数字化的储存，才能被更高效率的开发利用，融合环境下，任何媒体都会参与到内容资产构建的趋势中。

目前，北京电视台等影视机构都以版权价值为核心，以数字化影视节目为基础建构自己的内容资产平台。但是由于北京影视版权交易体系的发展远远滞后于北京影视业的速度与规模，也还没有形成一个完整的影视内容版权产业价值链条造成了在影视内容资产评估、交易、保护的相关问题。随着数字化和媒介融合的发展，以用户为导向，建立在版权交易和数字平台基础上的媒体内容资产建构将成为影响影视媒体核心竞争力的重要因素。

（一）建立媒体资产管理系统，创新赢利模式

目前，传统电视台的盈利方式主要是通过广告进行盈利，从国外发展的经验看，除了广告盈利模式外，还可以开发以交互式电视为核心的付费电视业务，媒介融合会极大地促进影视内容资产的快速发展，也必将消融不同媒体之间的界限，使影视内容的消费不断呈现专业化、个性化和定制化。这些变化必然带来盈利模式的变

---

16 金娜娜：《经营思维模式下的版权媒体内容资产研究》，《中国广播电视学刊》，2013年第263期。

化。在广告竞争日益激烈、广告市场日趋饱和的今天，影视媒体必须改变其以广告为主的单一的盈利模式，转变为广告收入、付费电视收入以及内容销售收入多重并举的盈利模式。媒介融合的大背景下，随着有线、电信宽带网络的建设和发展，通过宽带来向用户传送视频内容已经成为可能，然而，制约上述业务发展的瓶颈是很多影视机构还没有建立以媒体管理系统为基础、面向网络的大型视频数据平台，加快内容产业化的步伐。

（二）建立数字影视内容资产统一评估体系

影视内容资产的价值评估是影视资产交易的基础。对影视内容资产的价值评估是其交易的基础，目前，我国关于影视内容资产价值评估的发展主要出现在版权融资领域，影视内容资产价值之所以不容易评估，是因为其作为一种无形资产存在着较大的奉献，不同影视产品在未来的交易中价值发生如何的变化，都是很难预料的事情。[17]现在国内很多学者都在致力于基于版权的数字媒体资产的价值评估，对版权的管理与保护。比如宋培义教授，提出了价值评估的系统模型、模糊综合评价方法等、层次分析评价法等。吴丰军教授则提出了对电视数字内容资产评估价值的六个维度，分别是成本耗费、制作元素、收益年期、媒介平台、媒介生态、交易费用等，并提出了可行的评估方法选择。对于这些基于版权的影视内容资产的评估体系的构建，目前社会各界也在努力，由于传媒产业格局的激烈变革，新媒体的大量出现，媒介融合的大背景下，新的问题和挑战层出不穷，暂时还没有形成一个较为完善的价值评估体系和交易体系。正如前文所说，影视内容资产的交易存在着参差不齐的多元交易模式，新旧杂揉。但是在未来，无论是北京，还是整个国家，都呼唤一个完整的影视内容资产的交易体系的出现。相信这在

跨进全球信息传播时代

---

17 叶丹：《三网融合呼唤媒体内容资产价值评估》，《中国广播电视学刊》，2010年第11期。

不久的将来将会实现。

（三）遵循市场规律，构建影视内容资产价值链

价值链的概念从1985年提出至今，已经在多个产业得到了印证。从价值链出发，影视产业价值链是影视产业各个环节有关企业内部和不同企业之间为提供影视产品及相关服务所经历的从策划、制作、发行、播出、到衍生品开发等一系列价值增值活动的组合。随着制播分离的推进，我国的影视产业化进程也不断推进，目前已经形成了基于策划、制作、发行、播出、衍生品开发等五大环节。但是连接各个环节的基于版权的价值链，在我国的发展效果不尽明显。

影视产业是内容产业，同时也是版权产业，从国际影视产业的发展看，但凡是影视产业比较发达的国家，必然有发达的基于版权的价值链。以美国为例，根据美国电影协会公布的2012年电影市场统计报告显示，美国仍是全国最大的电影市场，美国基于版权销售的海外市场的票房远远高于本土市场。这种现象的出现，得益于美国通过国际化的版权贸易战略使之在全球范围内实现价值最大化。美国影视产业国家化的基础是国内早已形成完整的产业链条，这种完整的产业链条，是不断经过市场调整，遵循市场规律所形成的。[18]

根据目前基于版权的影视产业版权交易中，存在诸多问题。最突出的问题是影视版权交易市场条块分割，缺少一个全国性的统一市场。我国的影视市场过于关注影视产品的内容，而忽略了其中包含的以版权为中心等其他资源以及衍生品的开发。北京作为中国的文化之都，在建立基于版权价值的数字内容资产的产业链方面也有着先天性的优势。目前中央电视台的音像资料馆正在做这方面的工作，但是目前只关注在媒体资产库的建立和转化方面，还没有进入到开发产业链的阶段，这个问题也会成为媒介融合环境下影视内容

---

18 卞新、森罗锋：《产业价值链视域下的电视节目版权贸易》，《武汉科技大学学报》，2008年第2期。

资产拥有主体迫在眉睫的问题。

（四）实现影视媒体内容资产的战略选择和有效管理

三网融合背景下，影视媒体资产消费的商业模式随之变化，技术进步导致传播渠道和接收终端的多样化以及影视版权市场竞争的现实需要，有效的版权战略和定价策略显得尤为重要。[19]

北京影视媒体内容资产的战略管理的第一要务是要更好地适应媒介融合的环境，让影视媒体资产系统成为一个开放性的系统，更好地适应外部环境。随着媒介融合的发展，只有在保证社会效益的基础上，更好地适应了市场化的需求和市场竞争，才能在竞争中处于领先地位。影视媒体资产作为重要的战略资源，需要科学的方法来管理。如何储存、转化、开发、定价、买卖都是媒体管理迫切需要解决的问题。

第五节 个案分析：北京电视台"台网融合"的实践与思考

当前，新技术的发展不断催生新的传播形态，并且推动着平台、产品、内容和终端的多层面融合和互动，使国内外传媒业的生态与业态环境都开始发生重大而深刻的变化。无论是新媒体还是传统媒体，在新的技术条件下都在向数字化、网络化、移动化、融合化发展。

一、台网融合：全媒体战略下广电业的发展之路

传统媒体多为单向传播，随着Wed2.0时代的到来，互联网的交互性进一步增强，打破原有的传播模式，人们开始倾向于接受传

---

19 吴丰军：《媒体管理的变革：从节目资料到内容资产——以中央电视台音像资料馆为例》，《电视研究》，2008年第6期。

播与受传重叠的角色。此外，新媒体的实时性与广泛性等特点使传统媒体的受众开始出现分流，为了保留受众资源，传统媒体与新媒体从竞争逐渐走向融合，台网融合由此产生，电视开始探索与互联网的相互交融，从信息的输出、到电视剧与优质节目的售卖再到筹建自身的官方网站，台网融合的步伐进一步加快。目前，各个国家都在进行一定程度的台网融合，美国是台网融合发展比较迅速的国家。目前国内的台网融合实践基本包括：寻求传统电视传播与网络传播的契合点，创办视频网站，联动渠道合作伙伴，丰富传播内容，网台分营，开发丰富的多媒体内容产品等内容。

台网融合的不断推进，产生了渠道、内容等交叉融合的现象，产生了"全媒体"的概念。放眼全球的媒介帝国，如迪斯尼、贝塔斯曼、维亚康姆、新闻集团无一不在积极投身到全媒体变革中，以集团化的方式整合旗下报纸、杂志、出版、发行、电影、电视、广播、有线电视网络、网络，甚至主题公园多元业务类型，致力于打造高效互惠的全媒体产业链条。[20]

从国际的发展经验上和国内的发展趋势上看，全媒体的发展之路是广电媒体未来发展的方向所在，也是保证在未来的传媒产业占有一席之地的必然选择。

二、资源整合与发展困境：台网融合的实践之路

北京电视台是北京台网融合比较具有代表性的单位。从2009年年底，北京电视台开创性地制作了七场具有新媒体特色的春节晚会——网络春晚开始，确立了"网台深度融合，全台共同办网"基本原则，提出了"大媒体"的工作思路。2013年，北京电视台建成了新媒体基地，并逐步投入使用，IPTV运行稳定，用户增长突破10

---

20 胡占凡：《"台网融合一体化运行"实践及思考》，《中国记者》，2013年第8期。

万，北京网络广播电视台的建设也在推进之中。

作为主流媒体，北京电视台在严格遵守国家相关规定和政策的前提下探索台网融合的可行之路，明确"该做什么，不该做什么"，整合资源，扩展传统媒体运营。

以BRTN网站、北京IPTV、移动互联网业务、微平台等为核心的全媒体平台，拓展传统媒体的运用，创新媒体形态。

（一）创建北京网络广播电视台（BRTN）网站

以"北京时间，全球共享"为口号，以北京本地化视频门户网站为基础定位创建北京网络广播电视台（BRTN）网站，利用北京电视台内容资源与品牌资源，产品内容上台网交互与创新应用为核心，推出"我在现场""生活地图"等互动产品，建立了内容产品经理管理机制与外协机构管理机制，

1. 发展IPTV

2013年2月，具有自主研发的高清悬浮式EPG和多项交互内容的北京IPTV开始试商用。试商用以来，北京IPTV进行了两次大规模平台扩容，频道总量扩充到106路，至今已累计新增内容超过30000小时，付费用户已突破10万户。

2. 移动APP应用

在移动互联网方面，重点是整合全台资源，研发多款APP应用软件，把全台的优质的节目资源重新组合、整理、打包上线，并对这些内容经过加工处理，进一步适应了网络用户的消费习惯，适合人们快节奏的生活节拍。

3. 微信平台

BTV新浪官方微博从2013年年初正式启动运营，粉丝数超过200万，BTV腾讯官方微博粉丝数达14万；BTV微信公众平台粉丝数超过13万；微平台建设初具规模。另外，北京电视台建立了数百个

微博矩阵式管理平台，实现了互动平台和APP的相互支撑作用。[21]

4. 多屏互动的演播室

北京电视台利用台网融合新技术，在"云"技术的基础上，实现演播厅的智能化互动化多屏化，提高制作和播出电视节目的效率。北京电视台引进了12K的超高清超大屏幕，可以容纳海量即时内容。演播厅里的互动屏、环境屏、和主屏之间进行多屏互动。

（二）深度融合，内容创新

北京电视台目前在制作节目上，意识到消费者并不关心从哪一个渠道来观看节目，而更加关心是否可以便捷、舒适、简约、廉价的方式看到自己相看的节目。所以在台网融合的过程中，电视台不单单注重渠道的拓展，更加重视节目创新。比如，在新闻节目的深度挖掘上，推出了"我在现场"的网络节目，此节目以时间可以在时间上挖掘新闻发生初期、中期、后期的进展的情况，同时，以空间为轴，挖掘不同空间上对此新闻的动态，实现信息传递的高度有效性。不仅如此，北京电视台致力于"公共服务类型的节目"，把自己定位为为北京地区的观众提供"吃穿住行"一体化信息服务平台，通过这样亲民的定位，抢占互联网和移动终端的观众群。

（三）在大融合和大数据的角度，北京电视台也不断深化和搜索引擎、视频网站的合作，借船出海，以增加自制节目的效益转化率

北电视台新媒体中心正在努力在自建云的基础上构建中心的大数据体系，以后，中心的运营链条都围绕"云"和"大数据中心"来组建，提高管理和运作效率。"大媒体"是北京电视台制定的一种新媒体业务模式，在后台通过多种接入形成一个来自不同源，基于云的海量内容库，在前端通过APPs、各网站页面、软件类技术工具作为进入路径形成入口平台，继而导入更大的全新媒体呈现平

21　北京电视台：《新媒体发展中心2013年工作总结》。

台。大媒体是"一云多屏"下呈现平台和入口平台合一，同时也是实现内容资源汇聚、分享、生产、交易平台。

北京电视台已经初步建设完成"大媒体"技术系统，未来将在新的平台上实现内容生产、营销推广和商业运行。依托云计算中心和海量内容库，在政策和机制到位的情况下，初步建设完成"北京大媒体"的基本业务格局，争取走向市场，引入战略投资，成立企业集团。

（四）调整管理机构，促进组织机构融合

过去，北京电视台在新媒体版权管理上比较分散，如今北京电视台新媒体中心成为新媒体版权的管理主体，正在推出相应的版权界定形式、版权购买及营销方案，创建全新的版权业务模式，并与总编室、计财部等相关部室合作，逐步建立起完善的北京电视台新媒体版权管理流程及购买、销售、分成、服务体系。

另外，2013年北京电视台网络信息编辑室与新媒体发展中心筹备组合并为新媒体发展中心，组建全新的组织结构，成立了15个科室，实现机构、人员的合并。目前北京电视台新媒体中心成立与台内11个节目中心直接对应的12个项目组，垂直展开包括BRTN网站建设、IPTV内容提供、微博微信矩阵管理、APP产品研发、新媒体大厅使用等在内的各项新媒体业务，在组织管理上为台网融合创造条件。

（五）探索对外合作模式，发起建立全国网络台联盟

2013年，以获批的14家省级网络广播电视台（以下简称网台）以及上海、湖南等广电新媒体机构为主体，建立全国省级网络台联盟。一方面发掘各个网台所拥有的新媒体业务平台、内容版权、用户等资源，另一方面利用各家网台所依托的传统广播电视频道、内容、受众资源，通过互相开放平台和资源，拓展传播覆盖，通过开展符合成员台利益需求的深度合作，实现新媒体内容生产和产业经

跨进全球信息传播时代

营的互惠共赢。

北京电视台在台网融合的过程中进行了很多探索，但是目前发展也面临一些现实阻碍。如何扫除障碍，在台网融合的过程中整合资源，占有优势地位，是未来北京台网融合迫切需要解决的问题。

第一，全媒体时代视听行业竞争进一步加剧，传统电视台面临更加复杂的竞争环境。近年来，专业视频网站、互联网行业巨头、电信运营商进一步加大对各类视听媒体的资金、技术、品牌及人员的投入，产品差异化程度加大，内容同质化现象有所改变，用户付费的习惯正在培养之中，盈利模式趋于多元化。搜狐视频不断加大赌注，原版引进国外收视最高的电视剧，吸引中青年观众。上海优朋普乐公司实践第三代互联网电视，打造直通好莱坞项目。电视台不仅没有垄断渠道的优势，也没有内容优势。竞争环境和对手的日益国际化和多元化，传统电视台受到的冲击将更加巨大。

第二，机制不健全，台网融合阶段传统媒体处于竞争劣势。由于近些年网络媒体的飞速发展，不断圈地，抢占观众资源的，冲破现有政策、法律法规，抢占政策和规定的空白区，加之目前我国政策法规设置的相对滞后，使得互联网公司在疯长的同时，越加不顾政策和法规限制，不断占领发展的边界地带。但是，作为传统媒体的电视台，必须严格按照国家的宣传规定和政策，触及边界地带的行为都是被尽量避免的，电视台更注重的公益职能和宣传职能，会把更多的财力人力物力投入到具有公益性质和有较为积极的社会影响力的节目，而不能单单考虑到节目的盈利能力。所以在竞争中，面对互联网媒体只以营利为终极目标的竞争时，传统媒体在抢占互联网观众的竞争中明显处于劣势。

第三，电视台层级关系明显，行政化严重，不利于高效组织团队进行改革和推进创新。电视台是我国事业单位的典型代表，虽然进行了一定程度上的改革和改制，但是，仍然是事业单位的性质，很难像企业一样可以根据市场的风向瞬时改变自己的航向，加之人员长期不直接参与市场竞争，形成的懒惰惯性，很难迎合市场的需求建立快速高效的团队。另外，传统统电视台层级关系明显，行政化严重的特点，限制了人力资源效能的发挥。

合理的融合机制是实现台网融合的基础。目前，北京电视台尝试通过项目制建立与节目中心对接机制，专人专岗，实现对接的顺畅。有效的融合有赖于机制层面的顶层设计，包括跨平台多媒体内容制作和共享机制，多渠道、多终端（屏幕）关联性内容发布机制，但是这种机制的构建也需要花相当多的精力。

公平的竞争机制呼唤科学的顶层设计。由于体制和政策受限，导致电视台决策上的保守，需要国家有更顶尖的人才对台网融合以及产业发展有更具有战略性的顶层设计，才能够营造出竞争的公平环境和机制，激发市场活力。

三、"五〇"全媒体体系下台网融合的探索与思考

北京电视台新媒体中心的赵志成副主任在谈到大数据时代未来的台网融合战略时，提出了"五〇"全媒体运作体系。"五〇体系"主要包括以下几个方面，分别是指on the screen(电视屏幕)，on the mobile（手机屏幕），on the SNS(社交媒体)，off the line（线下），on the line（线上），五个部分完全覆盖了人们平时生活中的所有屏幕，包括电脑屏、电视屏、移动终端、社交媒体。"五〇"体系抓住了互联网时代电视媒体的总体趋势，其关键是以用户需求为导向，拓展传播渠道和商业模式，促进电视台与其他关联行业企业的合作竞争，重构电视媒体产业生态链。

在五〇体系中，同时体现了全媒体的概念和社交媒体互动平台，充分考虑到台网融合之后媒体的互动性的增强。电视台未来需要顺应台网融合未来的趋势，不断整合各大媒体资源，整合各种技

跨进全球信息传播时代

术

术入口工具，真正实现海量内容汇聚。

"五〇"全媒体体系运行图

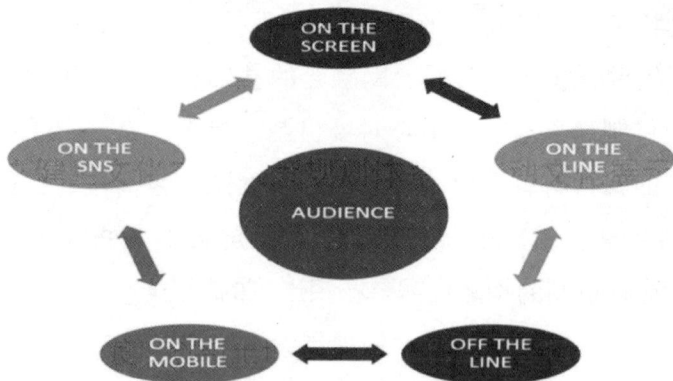

资料来源：课题组对北京电视台新媒体中心副主任赵志成的调研访谈

　　机制体制创新与观念创新，分阶段实现新媒体业务发展的市场化、企业化和产业化是未来台网融合的必经之路。在国家三网融合政策指导下，探索符合实际发展情况的经营模式，明确将新媒体版权和新媒体经营权等进行统一归口[22]，意味着需要更大力度的资源整合。首先，应该成立或改造现有传媒企业，重点负责新媒体商业经营，按照市场规律打造具有竞争力的企业，而不应该让传统电视台的管理方式上的落后影响其全媒体和适应市场的步伐和节奏。其次，未来探索市场融资模式，对利润高、规模大、发展思路明确的业务进行分拆，进行市场化运作，建立起灵活的经营机制，为事业后续发展提供强大资金保障。第三，充分分析政策，找出政策边界，在不违反国家政策的基础上，更大程度地发挥电视人的潜力，与市场对接，更好地实现商业利益和公共利益的平衡。第四，与国际接轨，努力改变电视台中制约产业发展的体制和机制因素，释放

22 李先知：《北京电视台：探寻"台网融合"下广电新媒体发展之路》，《中国记者》，2013年第6期。

活力。

台网融合,不仅仅意味着物理意义的把电视屏幕内容搬到电脑上或是其他的终端,而是以用户为中心,建立基于全媒体平台的产业生态链。在未来,内容创新,促进制作、播出、互动、广告、用户一体化建设,重构电视生态链,不断的吸引观众,增加观众群,拓展渠道,改变原有的单一依靠广告的运营模式,拓展新媒体领地和新的盈利模式,这些都是摆在电视台面前亟待解决的问题,也将是一个优秀电视媒体必须具备的优良基因和素质。

第七章
提升北京文化信息传播力
存在的问题与对策

　　信息传播是文化软实力资源转化为文化软实力效果的关键所在。美国著名人类学家莱斯利·怀特在《文化科学》一书中指出：全部文化(文明)依赖于符号。文字、图像、声音等大众传媒产品符号是负载、传送信息和文化的最重要的代码。美国语言学家萨丕尔甚至认为，"文化是传播的同义词，实际上二者在很大程度上同构、同质"。[1]在当今信息社会，一个国家或城市文化的影响力，不仅取决于其内容是否具有独特魅力，同时取决于是否具有良好的对外传播方式和合适的对外传播渠道。

　　文化信息传播力的最重要表征是大众传播媒体。文化传播主要通过两条途径来实现：一是人际传播；二是大众传播。在文化信息传播能力上，无论就传播的广度还是深度，大众传播都要优于人际传播，大众传媒大容量、高速度、高密度、超时空的信息传输能使各种文化信息资源最大限度地在世界范围内得到展示和共享。[2]如

1 肖小惠：《传媒批评》，哈尔滨：黑龙江人民出版社，2002年版。
2 李智：《文化软权力化与中国对外传播战略》，《北京行政学院学报》，2010年第3期，第107—108页。

果一个国家或城市的大众传媒传播渠道数量多，包含的内容多元，每条渠道都有实际对应的受众群体，那么，这个国家或城市文化软实力的实现程度就高，文化力量的体现就更立体。反之，如果一个国家或城市的大众传媒传播渠道单一，内容狭隘，那么不管这个城市有多么深厚的历史文化积淀，或者有多么强烈地对外传播愿望，实际体现出来的文化吸引力是不大的。值得注意的是，当大众传媒达到一定的规模和水平时，文化信息的扩散和广为传播才有可能实现；而随着城市传媒业的由小到大、由弱渐强，城市文化的信息传播能力也必然经历一个逐步提升的过程。

北京正在向着建设世界城市的目标努力，在硬件方面追赶世界其他国际大城市的步伐较快，但在软件方面，比如文化信息传播能力方面，步伐还相对滞后，文化影响力还相当有限，如何建立现代文化传播体系，打造综合传播平台，促进新兴媒体的发展，提升传播内容品质，建设适应新形势需要的传播人才队伍，已经成为当下传承和繁荣北京文化的一个重要内容。

第一节 北京文化信息传播存在的主要问题

改革开放三十多年来，北京文化信息传播业飞速发展，已经形成了一定的规模，具备了相当的实力，形成了由报纸、杂志、广播、电视这些传统媒体，以网络手机为代表的新媒体和各种类型的户外媒体所构成的全方位、多层次的传媒架构，城市信息传播能力日益增强，为城市文化软实力的提升奠定了良好的基础。但是另一方面，近年来传统媒体公信力不断下降，舆论引导能力受冲击；对外传播能力建设不尽如人意，在世界上的文化影响力还相当有限；传媒市场化、产业化进程面临困境，传媒规制行政色彩过浓，不适应规制改革和媒介融合的需要；人才培养模式落后，适应全媒体运营的人才匮乏……这些都严重影响和制约了北京文化信息力的提升，也与北京的经济社会发展水平和国际地位极不相称。

一、传统媒体公信力下降，舆论引导能力受冲击

传媒作为一种社会公器，其存在的意义和价值在于它对当前的政治、社会和文化能够产生多大的影响，是否受到公众信任和支持。无论是中国的国有媒体，还是欧洲的公营媒体、美国的纯商业性媒体，公信力和影响力都是它们追求的共同的目标。

公信力产生影响力，影响力决定引导力。面对新技术新媒体快速发展态势，传播格局正发生深刻变化，当前的传媒主要由传统媒体、网络媒体与移动媒体三大板块构成，是"三原色"，以此交叉融合演变出无数的新媒体形态。而网络媒体与移动媒体发展快速，正在逐步成为传媒发展的主要方向和动力。

2013年4月27日举办的"首届中国传媒公信力论坛"上，北京师范大学传播效果实验室发布了《"转型期的中国传媒公信力"调查报告》。此次调查是首次对我国传媒公信力的最大规模扫描，涵盖包括北京、上海、南京等全国十二个城市的报纸、电视、网站的公信力，具体包括人民日报在内的全国主要74家综合性日报，中央电视台、湖南卫视、凤凰卫视等电视台，人民网、新华网、新浪、腾讯、搜狐、网易、凤凰网、雅虎等主要八家门户网站。报告显示，中国媒体生态格局正处于结构性转变之中。一方面在覆盖率上虽然电视、报纸还有优势，但新媒介增长趋势明显。调查数据显示受众年龄分层明显，电视、广播、报纸三条传统媒介渠道的受众平均年龄偏高，网络、手机两条新媒介渠道受众平均年龄偏低，传统

跨进全球信息传播时代

媒介渠道杂志的受众平均年龄偏低。[3]

报告认为，在公信力上，传统渠道的电视、报纸公信力还具有优势，但新媒体公信力上升明显。在绝对公信力方面，电视、报纸明显居于前两位；在相对公信力上，居于前三位的电视、报纸、网络占据主要份额。此外，市场强势媒体的公信力地位正在明显提升，市场影响力对媒体公信力的影响越来越大。2012年的调查显示，在政治取向权重下降、市场取向权重增加的情况下，党报和政府网站公信力有明显下降。

近年来"深圳女孩当街给残疾乞丐喂饭"，"流浪汉因拆迁变富翁"，"天然气将大幅涨价"这些危言耸听的新闻背后，每次都会跟着相关部门的辟谣和对当事人的查处。诸如此类的传媒乌龙事件给媒体的公信力不可避免地带来伤害。处于社会转型期的传媒正面临公信力考验，尤其在微博、微信等新传播形式的冲击下，草根舆论场跟官方舆论场之间的裂口越来越大，因为没有交集，无法影响到对方，造成公信力下降的一个非常重要的原因。

目前北京市的传统主流媒体，如《北京日报》《北京晚报》《京华时报》《新京报》《北京青年报》《法制晚报》《北京商报》《信报》《竞报》等主要报纸，北京电视台、北京人民广播电台等或多或少介入了新媒体实践，但其新媒体产品总量和结构，均与首都发展的规模和所处地位不符，在互联网及移动终端传播影响力总体不佳。虽然北京被称为网都，但在传播影响力方面，真正反映网都地位的主要是商业网站，而市属新闻单位建设的网站与之差距巨大，比如北京市曾倾力打造的千龙网目前中文网站排名仅2247位，而北京市政府网站首都之窗仅4107位。另外，目前最具影响力的微博平台上，北京市属媒体中只有《新京报》的官方微博具备一

---

3 张洪忠：《2012年转型期的中国传媒公信力调查报告》，北京师范大学网，http://www.bnu.edu.cn/xzhd/51364.htm，2013年5月2日。

定影响力，其他官媒与微博平台上的大V们相比较处于明显弱势。[4]

在各种文化相互激荡，舆论环境复杂多变的环境中，传统主流媒体在面对自身内部问题，以及面对互联网对于自身公信力的冲击时，如何不断开拓创新，在坚持正确导向的前提下提升舆论引导能力，在多元中立主导、在多样中谋共识，是对主流媒体的重要考验，也是主流媒体必须面对的现实而又重大的课题。解决这一问题，必须在体现主流上下功夫，在打造权威性上做文章，在提升公信力上求突破，传播正能量，彰显时代主流的价值观。

二、对外传播效果不理想，影响文化软实力的提升

对外传播是以信息和语言为主、以外国民众为对象、开展解释和说服的工作，这是一种媒体外交行为，目的在于取得国际社会共识，促进国家相关战略目标的实现。在跨文化传播与交流中，媒体握有对外传播的话语权，解释政策、传递信息、表达民意，舆论监督、文化娱乐等。随着传播新媒介、新技术和传播全球化的迅猛发展，报纸、期刊；电子媒介如广播、电视、音像制品、互联网进行的跨国界传播日益频繁。传媒技术的发展使传媒在跨国传递信息方面更直接、速度更快、成本更少，更容易产生放大效应。

对于一个世界城市而言，与其他城市的交往是基础。当前，北京建设中国特色世界城市，以更高标准推进人文北京、科技北京、绿色北京建设的战略任务，离不开高水平的对外传播。北京市委市政府高度重视对外传播工作，形成了由报纸、杂志、广播、电视这些传统媒体，以网络、手机为代表的新媒体所构成的多层次的对外传播架构，但是从整体来看北京对外传播技术的运用、媒体发展规模、信息覆盖以及传播效果等方面与其他世界城市相比还有相当的

跨进全球信息传播时代

---

4 王学锋、庞宇：《全媒体挑战下北京媒体的探索与出路》，《新闻传播》，2013年第2期，第10—11页。

距离，还存在很多问题，影响北京文化软实力的提升。

（一）传播内容选择缺乏针对性，传播效果差

文化传播无论是对内还是对外，在内容选择上有一个特点：主观倾向性很强，总是强调"我想让你知道什么""你应该知道什么""你应该学会什么"没有充分认识到受众的愿望、意图和心理认同、接受是文化传播的目标。而且过分强调宣传，片面理解正面报道，正面报道铺天盖地，惯于使用政治口号，容易出现堆砌政治术语的现象，易造成国际受众误解、猜疑甚至反感，导致对外传播让人难以信服；关注视角狭窄，传播内容重复，特别是忽视外国受众的需求、兴趣和价值观，忽视传播内容的多维性、合理性，导致文化传播信息量少，可欣赏度低，吸引力差，主观色彩和说教味浓厚，内容缺失针对性，不仅外国受众，而且中国受众也会半信半疑，传播效果很差。[5]

（二）传播主体单一，传播渠道不够多元化

我们的对外传播在很大程度上是由国家唱主角，由政府为主导，国家目前仍然在对外传播行为中起着决定性的作用：政府决定传媒的报道计划，批准和资助传播内容、促成传播过程甚至评估传播的结果，随着全球化和国际交流的日益深入，这样的传播结构已经不能完全适应对外传播的需要。而公众外交、公众传播的比重还有待提高。这种传播现状的弊端是政府对传媒管得太死，导致文化传播力弱、时效性差，既影响传播者的形象和可信度，也影响传播的效果。一些西方国家的民众对政府渠道的"宣传"存在本能的戒备甚至抵制。当然，这并非否认官方渠道在对外传播中的重要作用，而是主张要改变我国对外传播中媒介和渠道单一的局面，实现由官方渠道"一花独放"到官方、公众多种渠道"万紫千红"的转变。

---

5 徐稳：《全球化背景下当代中国文化传播的困境与出路》，《山东大学学报（哲学社会科学版）》，2013年第4期，第96—103页。

（三）对外传播资源和国际话语权有限，不能完整客观地展示城市文化形象

由于对外宣传形式生硬，内容单一，因此，在很大程度上，我们的国家形象和城市形象还是依赖西方媒体强国的"他塑"来完成的。美联社、路透社、BBC、CNN以及纽约时报、华盛顿邮报、泰晤士报等西方主流媒体是全球传播体系中发布中国新闻、塑造中国文化的权威媒体，国际社会了解中国城市主要是通过这些媒体。但是，负责再现转型中国复杂全景的西方媒体对中国的报道存在一定的刻板成见，这种刻板成见的存在使得西方媒体向国际公众展现的是片面的、不完整的、不稳定的中国形象。

（四）缺乏危机应对经验，面对危机传播不力

由于受到我国目前信息发布规则和媒介运行机制的综合影响下，对外传播媒体在面对突发事件时，社会预警功能呆滞、失灵、知情不报或缓报等情况仍然存在。由于对外传播媒体对信息发布的不当处理，结果不但国内的反对声音日甚一日，更给境外媒体提供了一个夸大其词的机会，政府形象大受损伤，给政府和对外传播媒介留下了深刻的教训。[6]

总之，北京正在向着建设世界城市的目标努力，在硬件方面追赶世界其他国际大城市的步伐较快，但在软件方面，比如对外传播能力方面步伐还相当滞后，文化影响力还相当有限，对外舆论力量与北京经济社会发展水平和国际地位还极不相称。发展软实力，掌握国际话语权，加强对外传播能力已成为北京文化建设的重要任务。

6　张志国：《我国对外传播中的问题与发展策略》，求是理论网，2011年3月8日，http://www.qstheory.cn/special/2011dd/gjcbnl01/zmz/zbgnff/201103/t20110308_71303.htm。

三、传媒市场体系不健全，缺乏有实力的大型文化传媒集团

传媒市场是在行政力量主导下发展起来的，因此，市场发展和行政权力是传媒成长的双重推动力。改革开放后，行政手段放松了对媒体资源的管制，媒体资源的经济价值和市场价值得到了足够的开发，然而，媒体的所有权还是掌握在各级政府手中。由于各地政府掌握着媒体的所有权、人事权、审批权，行政力量多少限制了媒体的发展。另一方面，本地行政权力也形成了对本地媒体的保护。因为行政权力的切割，形成不了强大的媒体规模和媒体实力。

如今北京的传媒体系已经比较完善，规模实力也较强，但传媒的结构还十分低级，产品结构不尽合理，大型文化传媒机构与国外巨型传媒集团相比，规模小，实力弱，利润率；中央与地方媒体、中心与边缘媒体、主流的体制内媒体与非主流的体制外媒体发展也不平衡，在权力资源、文化资源和资本资源上的分化日益加剧。另外，由于政策壁垒的存在，不同媒体类型之间的融合和资源共享还只能见诸理论的探讨，具体尝试只在极小的范围内存在，而且影响甚微。

从20世纪90年代末期开始，传媒业逐渐意识到集团化的重要性，实施集团战略，在组建集团过程中，地方政府起到一定的作用，地方政府出面将几家媒体捆绑在一起，集团迅速膨胀，[7]短期内完成初步整合做大了传媒的销售额和资产规模，但是却没有解决传媒产业旧有的体制缺陷，传媒集团化存在很多问题。一是传媒集团产权虚置，缺乏真正的市场主体地位。目前，我国的传媒集团依据主营业务分别被定性为事业集团、国有独资企业集团或国有控股企业集团。但是不管定性为事业集团或企业集团均没有建立起现代企业的产权制度存在多种治理的问题，一方面存在其旗下的事业法人

---

7 骆正林：《中国传媒30年发展的历史经验与教训》，《宁夏大学学报（人文社会科学版）》，2011年第4期。

的管理问题，另一方面，存在传媒集团公司母公司和子公司的多重治理的问题。二是传媒集团的资本结构单一，制约了集团竞争力的提升。在传媒集团化过程中，资本并未成为资源配置的纽带，依然承续了传媒业旧有的单一资本结构，投资主体单一、筹融资结构单一、资本主体单一的局面依然存在，难以通过资本运作实现资产的优化配置、产权重组和推动集团自身可持续发展；[8]三是集团的内涵和经营水平、管理水平、市场能力等没有发生实质性变化，导致集团管理链条拉长，内部联系减弱，决策延误多，反而增大了管理成本。四是传媒集团缺乏有效的激励和约束机制。由于传统经济体制的影响和干部管理体制方面的弊端，在选拔管理者时，仍习惯于按行政方式选聘主要领导成员，全部由政府组织人事部门直接任命和委派，而不会单凭业务等硬性指标选拔。这种缺乏激励机制的后果是难以形成优胜劣汰的机制。

十八届三中全会公报提出，建立健全现代文化市场体系，文化产业的市场化步伐将加快，建立现代文化市场体系成为重点，传媒需要实现机制转型，亟待健全市场体系，促进要素交易和资源整合力度，增强创新活力，提升社会影响力。

四、传媒规制行政色彩过浓，不适应媒介融合和规制改革需要

传统媒体规制体制是建立在产业分立和非竞争性市场模型基础上，依照传媒形态和行业特点来划分规制权限，设立不同的规制机构对报刊、广播电视、电影等进行监督管理，而数字化所带来的产业融合和充分竞争则打破了传统规制的基础，对现有的规制体制、规制边界提出挑战。而且在融合中产生的许多新服务，如果按照现存的定义，他们有可能同时适用于多个规制领域，既可以归入这个

---

8 夏忠敏：《当代中国传媒市场化改革的困境及突破路径》，《声屏世界》，2010年第7期，第9—10页。

规制领域，也可以归入那个规制领域，从而形成不同的规制约束。显然，融合使现存的定义难以有效地反映现实境况，造成规制边界的模糊，加大了规制的不确定性。

我国现行规制体制尚未应对从产业分立到产业融合的转变，仍然是实行多重管理的分业规制，广电业和电信业建有各自的规制体系，管理部门多而且职权分配相对分散，造成效率低下，增加规制成本，影响公平竞争。另一方面，我国传媒规制尚未完成从意识形态管理、行政管理向现代政府规制的转变，立法进程相对缓慢，法律体系不健全，规制中行政管理色彩浓厚。目前，与传媒相关的，以专门法颁布实施的只有《著作权法》《广告法》。另外在一般法中，《反垄断法》与之相关，而广电行业的《广播电视管理条例》《广播电视设施保护条例》《音像制品管理条例》以及《卫星电视广播地面接收设施管理规定》，以及电信行业的《电信条例》、互联网行业《互联网信息服务管理办法》等是由国务院颁布实施的行政法规。除此之外，大量存在的是法律层级和法律效力较低的部门规章，而且有关部门经常采用自上而下的行政手段，譬如颁布命令通知等规范性文件，规制的随意性强，缺乏长远规划，也很难公正地反映民意。有些规制部门具有多重角色，既当运动员又当裁判员，很容易出现权力"寻租"的现象，损害公共利益。与此同时，传媒业又处于不断深化市场经济改革与试图预防和矫正市场失灵的双重变化之中，同时这些变化又具有不同指向——在传媒市场化的过程中维持政治性规制，有限度地、逐步地放松经济性规制，适时调整内容规制。[9]

随着宽带的普及和传播技术的发展，门户网站、微信、微博、互联网电视、播客、手机电视等跨行业、跨媒体的文化信息服务呈

---

9 尹斌：《中国广播电视规制研究》，博士学位论文，湖南大学，2007年。

现出了爆发式的增长，影响范围也在不断扩大，给各国的传媒规制者带来巨大挑战。由于互联网环境的双向、去中心化的特点，市场参与者和广大用户在内容规制中的角色呈现多元化，既是规制的客体，又被赋予一定的权力成为规制主体。在这种分布式的网络技术架构下，传播关系是双向的、去中心化的、异质性的，这种传播关系中的主体身份将是不稳定的、流动的和多重的，而且多种传播模式、多级传播层次的交织，传播路径的复杂与多变，用户可以更容易绕开"把关人"设置的障碍来获取信息，抵御政府的技术封锁。我国很早就开始审查和规范新媒体内容，并且将传统媒体内容管理的要求施加其中，规制尺度较严，但标准模糊，可执行力差，在执行过程中就会出现各种问题，某些规制主体会凭主观认定来进行监督和管理，造成规制过度的现象。另外，在规制立法和执行过程中，有关部门很多时候没有考虑互联网环境下传播渠道、服务性质和管控责任的差异，也没有更多地利用行业自律和用户自我约束实现规制目标，减少规制负担。

五、适应全媒体运营的文化信息传播人才匮乏

文化的力量和传播主要靠文化人才，人才是文化信息传播过程中最核心的要素，构建和发展现代传媒体系、实施全媒体战略，提高传播能力，队伍是基础，人才是关键。

就编辑记者而言，目前大多数新闻媒体已组建了一支以中青年为主，高学历、知识结构比较合理的队伍，对能从事一般记者和编辑工作的本科毕业生，需求量已近饱和。另一方面全媒体的时代，需要构建全媒体化的数字信息发布、互动、服务平台。但在传播实践中，突破传统媒体界限的思维与能力，适应融合媒体岗位的流通与互动，具备采、编、播，摄、录、传多种现代传播技能的全媒体人才极其匮乏。过去传统的传媒人才培养模式专业划分过细，注重

单一媒介的人才培养，已经不能适应全媒体的时代对发展型、应用型人才的需求。

就经营管理人才而言，传媒行业还处在一个从"事业型"行业向"产业型"行业转变的过程，管理层任命、利益分配、资本运营、人才观念等很多方面还处于发展的初级阶段。当前，一方面普通的新闻传播人才过剩，另一方面传媒经营管理型人才非常匮乏，供需矛盾突出。尤其是广告、发行、财务及产业链运营的专业人才更少。由于专业职能部门经营管理人才稀缺，严重影响传媒产业盈利水平，传媒产业在市场化道路上步履蹒跚。因此学界与业界提出了"媒介的竞争就是管理人才的竞争""人是决定媒体竞争胜负的根本因素"、传媒管理者"不懂经营只有死亡"等看法。[10]

就技术人员而言，队伍由多媒体技术，特别是包罗万象的新媒体技术的各类工程技术人员组成。如：软件开发员、数据库管理员、网页设计师、系统工程师、虚拟影像合成师、动画游戏设计师、3G工程师、WEB2.0工程师等。由于新媒体起步晚，再加上条块分割的管理体制，多媒体技术人员传播技术单一，技术创新和融合能力不强，远远不能适应实践发展的需要。[11]

新媒体发展持续加速，媒介形态不断更新，媒体变革逐步深入，国际交流日益频繁。传媒急需培养出一批新型的复合型人才，高校传播专业人才培养目标不明确，文理不兼通、技术与艺术相分离，培养的人才在素质上和技能上与文化传播业的实际需求有差距；媒体尚未建立完善的员工自我培养机制，专业技能培训欠缺，媒体业务只能靠员工自己摸索，相互学习。因此，如何抓紧培养善

10 李明德、庞瑞、付晓庆：《新闻传播学科发展和人才培养问题思考》，人民网，2010年8月20日，http://sn.people.com.cn/GB/190202/190257/200238/12501686.html。

11 李竹荣、董克柱：《高素质复合型传媒人才的培养对策》，《新闻战线》2009年第10期。

于开拓文化新领域的拔尖创新人才、掌握现代传媒技术的专门人才、懂经营善管理的复合型人才、适应文化走出去需要的国际化人才是有效塑造文化形象，展示文化资源，提升文化信息传播力必须要面对和解决的问题。

第二节 提升北京文化信息传播力的对策建议

文化要素只是一种"软实力资源"，只有通过各类媒介，特别是大众媒介的广泛传播并得到信息接收者的普遍认同后，才能产生真正的吸引力和影响力。当前各类新媒体发展持续加速，媒介形态不断更新，媒体变革逐步深入，国际交流日益频繁，文化传播的手段、模式与相关管理制度都面临巨大变革和转型。

作为国家的文化中心，北京不仅是国家文化资源的集中地，更是国家文化传播探索之路的初始者，在此过程中扮演着不可替代的核心角色，需要突破观念和体制障碍，适应媒介融合、规制变革和全球化进程加速等时代大趋势的需要，在文化信息传播能力建设方面积极行动，大胆创新，发挥至关重要的示范作用。

一、促进媒介融合，加快文化信息传播转型

近几年，新传播科技与新资讯媒体以更加迅猛的速度发展并普及，以数字化为表征的新媒体对媒介环境乃至社会环境正在产生重大而深远的影响，媒介融合的发展进程也被大大促进，并涌现出了众多以媒介融合为基础的传媒集团，通过不同媒体之间的资源重整与优势互补，生产出融合型的信息产品，过去分属报刊、电影、电视、广播、互联网等不同信息传输平台的内容产品依托数字技术的运用形成了跨平台、跨终端的使用，从而达到了单一媒体无法企及的传播效果。

另一方面，一些电信运营商、互联网公司、信息高科技企业、终端制造运营商等非媒体机构，利用其技术、网络、渠道、终端等资源和优势，以个性化、分众化、对象化服务强势进入媒体领域，势头极为迅猛并呈加快拓展深化之势。为此，传统主流媒体想方设法创新突破，需要积极采取措施寻求转型升级，打造集成服务，推动生产传播模式转型升级。美联社借助基于互联网的数据库，把文字、图片、电视等产品整合到统一平台，不仅实现了跨媒介的内容资源整合，而且为用户互动、信息追踪与反馈、知识产权保护等衍生功能打下了基础。法新社积极适应客户移动性需求，大力改造生产和发布工具，丰富多媒体新闻信息内容，充分利用社交媒体，通过各种多媒体平台使新闻及时到达受众。汤森路透和彭博通过集软件与硬件于一体的终端平台，不仅向用户提供多媒体内容及个性化的专业投资分析和咨询，而且还提供快捷安全的下单交易服务。[12]

当前，全球传媒业都在发生深刻的变革，无论是媒体表现形态、媒体采编发流程、媒体业态格局，还是受众获取新闻信息的习惯、阅读心理，以及新旧媒体的前景，都发生了广泛而深刻的变化。为适应媒介融合的趋势，国内许多媒体纷纷进行内部资源整合，积极利用新技术、新传播手段，开展广泛合作，在全媒体发展方面进行了大量实践，大大拓展了媒体形态结构和运作模式，促进了文化信息的传播。

与此同时，随着媒介技术的日新月异，社会化媒体不断更新换代。社会化媒体强调以个体的主动性、参与性来进行信息的生产和传播，产生了碎片化、多样化的信息文本内容，以互动和共享为核心建构关系网络。[13]而传统的大众传播，其讯息是由专业机构进行

12　李从军：《打造集成服务　推动新闻信息生产传播模式转型升级》，《中国记者》，2013年第8期，第11—16页。

13　曹慧丹：《论社会化媒体的信息传播模式》，《新闻前哨》，2013年第4期。

规模化生产强调大规模的单向传播与接受、不对等的关系、非个人匿名的、有目的的或是市场性的关系、标准化的内容体现的是集体的、社会的、国家的意志。然而，社会化媒体赋予了主体间平等的话语权，信息传播过程亦由单向流动转变为双向对话。在开放性的对话空间中，用户可通过无处不在的媒介工具进行社会互动和社会交往，从而满足身份认同和自我实现的需求，这既发挥了自我的主体价值，同时也可建立起个人的社会关系网络。在此过程中，传播主体间的互动由信息内容的互动转变为以象征性符号为介质的关系互动，用户通过互动来建立并维护关系，形成一个个基于关系的社会化网络。传统的大众模式中，传播者和受众之间的交流较少，而且不太可能通过同一个渠道实现，效果较差。而这个模式反映在社交媒体的网络传播中，传播者和受众可以通过同一个网络，实现彼此之间紧密迅速的联系和交流。

　　新技术改变了人们使用和获得信息的方式，用户的概念取代传统媒体的"观众""听众""受众"等概念，用户参与到媒体的运作过程中，任何一个用户既可以是信息的制作者、传播者、接受者、消费者、把关者，也可以是集这五者之中的几个或者全部角色于一身，开放、共享的参与式文化逐步建立，所造成的"圈子化""部落化"改变了人与世界的关联方式，信息传播也由"点对面"的广播模式向"多点对多点"的互播模式转变。因此，在不同社会群体利益多元化，公众的政治参与意识日渐增强的情况下，当面对突发性事件时，用户可以通过各种直接与间接的渠道，对政府提出不同的诉求，而政府也需要通过倾听他们的诉求来制定决策，从而形成的双向传播模式。其中，传统媒体仍然是位于信息流动的核心地位，然而其先导地位却不再保留，网络媒体和社交媒体成为信息流的始发点之一和中介点；信息的归宿点不再是单一的受众，媒体和政府极大程度地接受着反馈信息，以便危机的解决；受众和

媒体之间的信息互动更为直接，甚至成为信息的把关人。政府的信息发布权威地位继续保持，然而网络媒体和社交媒体对信息的快速反应能力又对政府的危机处理能力提出了挑战，政府需要网络媒体和社交媒体通过间接地得到公众的反馈信息以便及时调整危机处理政策。

文化信息传播对现实社会的反映和作用是迅速的，对社会生活及社会舆论往往会产生直接的影响。现实的情况证明，随着现代传播手段的迅猛发展和互联网的广泛运用，文化信息传播也是一柄双刃剑，运用得不好，它会给社会造成混乱和麻烦，运用得好，就会起到积极的作用，促进社会发展和城市文化的建设。[14]

一个城市的文化信息扩散能力，与这个城市经济的增长及其传播技术手段的提高、传播模式的选择密不可分。过去，文本信息传播模式"基本上是'以我为主'的宣传型模式，这种模式的最大特点就是传播主体主导，而将受众放在次要的位置。如今网络媒体和社交媒体的兴起，正在改变这一现状，因此需要有关部门推动对文化信息传播模式、方法和手段的研究，在文化信息流动时促进双向、关系型传播模式的建构，提升城市的文化信息传播力。

二、打造国际化媒体，加强文化信息传播的国际影响力

改革开放以来，随着北京城市的加速发展及其大步融入世界，北京的文化信息传播力也获得了极大的提升。但是，与发达国家中心城市相比，与北京自身发展的客观要求相比，北京的媒体国际化水平亟待提升，在国际传播中远未发挥出应有的作用，产品国际竞争力也不强，要扭转现状，一方面依赖于文化传媒业的改革和发展，打造国际化的媒体；另一方面，则需要重视文化传媒走出去的

---

14 李贵森：《文化信息传播现象透视与安全策略设想》，《国际关系学院学报》，2012年第5期，第108—118页。

特殊性，采取恰当的市场适应性策略，综合运用多种手段，提高文化产品和服务的输出能力，加强文化信息传播的国际影响力。

（一）加大对文化传媒业"走出去"的政策扶持力度

从政府行为层面上看，政府应转变职能，改变行政方式，建立新的宏观调控机制，在筹措资金、财政投入、出口奖励和税收优惠等几个方面出台一系列措施，加大扶持力度，探索推动文化传媒走出去的新模式。一是积极鼓励传媒单位多渠道筹措发展需要的资金。《文化体制改革中支持文化企业发展的规定》提出，通过公司制改建实现投资主体多元化的文化企业，符合条件的可申请上市；引导商业银行对文化企业给予贷款支持，鼓励商业银行创新信贷产品，加大信贷支持；鼓励文化企业利用银行贷款、用好用足贴息贷款等有关信贷产品、发行企业债券，鼓励文化传媒企业与银行加强合作，争取更为灵活的服务与"走出去"授信模式。二是加大国家财政投入，运用国家文化产业发展专项资金、国家文化出口重点企业和项目扶持资金、国家出版基金、民族文字出版专项资金，对符合条件的文化传媒企业通过银行贷款实施的"走出去"重点项目所发生的利息给予补贴；对符合条件的文化传媒企业以自有资金为主投资的"走出去"重点项目给予补助；对"走出去"重点企业按照出口实绩给予奖励；注意利用中央外贸发展基金、援外资金以及中小企业国际市场开拓资金等有关资金扶持项目，有效分散"走出去"的运作风险。三是认真落实税收优惠政策。2004年以来国家有关部门为推动文化体制改革专门制订了一些税收优惠政策。《关于支持文化企业发展若干税收政策问题的通知》规定出口图书、报纸、期刊、音像制品、电子出版物、电影和电视完成片按规定享受增值税出口退税政策，为媒体参与国际竞争提供切实保障。

（二）转变发展战略和资源整合，增强文化传媒业的国际竞争力

目前囿于政策限制、国内传媒业的区域化分割和行业化分割以及传媒企业自身能力等方面的问题，尚没有真正的跨区域和跨媒介的大型传媒集团，这无疑削弱了文化信息传播的实力和对外影响力。传媒业应加速实施兼并重组战略，大力推进传媒产业的结构调整，实现规模化、多元化发展，尽快改变现有传媒集团单一经营模式，变单一经营为多元经营，鼓励传媒跨行业、跨地区、跨媒体、跨所有制的规模化经营，要创造有利于传媒集团兼并重组的市场环境，打破条块分割，使大量同质传媒之间形成竞争或合作关系，将上游产业与下游产业结合起来，形成真正的传媒产业链。鼓励拥有多家传媒单位的地区、部门、单位和业务相同、相近的传媒单位，通过重组、联合、股份化等方式，按照优势互补、自愿结合的原则，整合优势传媒资源，以资本为纽带组建新的传媒集团，形成新的市场主体和战略投资主体，培育一批导向正确、主业突出、实力雄厚、影响力大、核心竞争力强的传媒企业。这是加速产业化进程，增强文化传媒业的国际竞争力，促进文化软实力与经济软实力发展的必由之路。

（三）提升文化传媒产品国际影响力和竞争力

国家之间文化标准的冲突影响文化产品和服务的跨国销售。在欧美国家轰动一时的《星球大战前传》在中国却没有得到人们认可，取材于东方故事的《花木兰》在美国获得了成功但在中国市场却遭遇失败，由华人导演李安执导的《卧虎藏龙》在中国没有引起轰动但在西方却备受欢迎。[15] 除去其他市场力量的作用，低语境的西方文化和高语境的东方文化在语言使用、美学趣味、生活方式、

---

15 尹鸿：《好莱坞的全球化策略与中国电影的发展》，《当代电影》2001年第5期。

价值观念方面的巨大差异无疑是导致失败的重要原因。

文化差异无处不在。适应一国的文化环境，理解差异，对文化禁忌保持敏感，同时积极消除语言、美学趣味、价值观的隔阂，降低文化折扣是对外文化贸易顺利进行的前提和保证。应积极吸收和借鉴各民族优秀文化，深切把握各民族文化心理，将"文化折扣"变为文化优势。如今，我们所呈现给外国的，多数是中国文化的一些比较表层的东西，比如功夫、舞狮、杂技以及民俗等等。这些文化展示的确能推动世界对中国的了解，但却很难真正打动人心。我们有必要学习和借鉴各民族优秀文化，从而为中国文化注入新的元素和生命力。

一个国家的文化价值观是该国家文化的核心。[16]如果任何对外输出的产品或服务与东道国基本的文化价值观不相容的话，它们就可能被东道国文化排斥在外。因此，传媒机构和企业要研究我国古典文化价值理念、现代文化价值理念等如何按当代核心价值体系的要求而予以媒介传达的可能性，探寻有特色、有感染力的艺术表达方式，进一步提升文化传播力和文化影响力。

（四）细分市场、有效选择文化传媒"走出去"的目标市场

虽然世界经济一体化的发展趋势为文化产品和文化服务进入全球市场提供可能，但除了少数国家和跨国公司的产品能够覆盖全球外，大多数的国家和企业还必须利用有效的标准，如地理、经济、文化、内部市场特征等标准把整个世界分成若干国家组合，然后选择最有机会获得成功的那些市场，并制定适应目标市场的经营战略，确立产品和服务的竞争地位。目标市场的选择，不仅要看对方的消费能力，还要研究其文化心理和文化偏好，也就是不仅要考虑经济因素，还要考虑政治、民族、宗教等因素。

---

16 拉里·A·萨默瓦等：《跨文化传播》，中国人民大学出版社，2004年版，第65页。

文化传媒"走出去"有五大目标市场。一是华语市场，主要针对港澳台、东南亚和全球华人市场，是基于汉文化的共通性，这个市场文化消费群体十分庞大，一直是中国图书、音像制品的主要目标市场。在所有条件都相同的情况下，消费者对说自己母语或文化上有亲缘关系的文化产品更情有独钟。电视剧《三国演义》《水浒》《雍正王朝》的音像制品在亚洲地区受到广泛欢迎就是文化亲同性的重要例证。

二是日韩与东南亚市场，基于"儒家"文化背景，文化上相通相近，这个区域的市场可以成为我国文化贸易的重点市场，文化产品和服务的侧重点可以放在电影、电视剧、演艺等行业。

三是欧美市场，是基于世界文化市场的高端市场，是我国文化产品和服务的主攻市场，这个高端文化市场适合出口品牌性的文化产品和服务，并且注重引进欧美文化要素，制作文化精品，需要传媒机构或企业制定长期规划，实施本地化的文化经营战略，逐步建立起规模经济，打破欧美文化强国的文化市场壁垒，才能真正全面进入该市场。

四是新兴市场，是基于该地区国家与我国处于相似的发展水平，经济或进入高速发展阶段，或正处在转型期，文化消费日益上升，市场空间呈现上升趋势。

五是非洲市场，是待开发的文化市场，这个文化市场适合我国传媒机构或企业在当地进行文化投资，吸收当地的文化要素和文化人才共同开发文化产品和服务，可以取得快速开拓市场的效果。

（五）改进和完善文化传媒"走出去"的海外推广模式

文化产业过去一直是以产定销，市场化程度低，海内外营销投入都不足。尤其是在海外市场，既缺乏独立高效的营销手段，也缺乏适合市场需求的宣传推广，严重制约了文化产品和文化服务的对外输出。近年来，电影等产品和服务的海外推广力度有所加强。

海外消费者对中国文化传媒产品和服务缺乏了解，购买动力不足是中国文化传媒产品进入海外市场的一大阻力。中国传媒机构或企业不仅需要通过投放广告、加强海外媒体宣传等常规手段进行产品市场推广，还应该充分利用各种覆盖面广，影响力大的促销手段，如各种国际展会和大型活动，以及低成本的互联网营销平台等，借助信息技术宣传与推介具中国特色的文化产业与文化产品，并针对国外不同消费环境和消费对象，采用不同的营销模式与方法。制造营销热点，刺激消费，畅通渠道，从而迅速获得国际市场认同，提高中国文化产业的国际影响力。

建立海外分支机构的本土化营销网络是解决海外推广不畅最为直接的手段。目前国内文化传媒产品很多是通过外国发行公司代理。这渠道有一定的效果，但都不理想。所以，我们要在国外建立自己的发行渠道推广文化传媒产品。可以由传媒机构或企业自己组建专业的海外发行公司，或收购国外现有的发行公司，政府有关部门在市场调研、资金等方面予以支持，也可以依托其他行业有实力的跨国公司已经建立起来的国际销售网络，进行增值服务。鼓励有条件的企业加盟海外中介协会，还可以在海外投资建设"中国文化城"，采用政府开道、企业投资运作的模式。另外，改善海外推广模式还应该充分利用网络平台，开设各种语言版的"中国文化传媒产品网上超市"，集产品展示、销售、服务为一体。目前国内很多公司都设有自己的网站，但这些网站存在规模小、功能差等各种不足，相关部门应对之进行整合，形成规模优势。

（六）加大培养文化传媒国际化人才的力度

文化传媒产品不仅要走出去，还要卖出去，需要懂跨国经营管理和国际市场营销，擅长涉外的项目策划、文化经纪、资本运作的经营管理人才；需要熟悉国际惯例和规则、擅长媒介市场运作、具有战略思维的外向型经营人才；需要具有开拓能力、创新精神和创

新能力，能够管理跨国大型文化企业集团的经营管理人才。

国与国之间，不同民族之间在法律制度，语言环境和审美偏好方面差异较大。实施文化传媒"走出去"战略既需要政府和行业协会的组织协调，同时也离不开财务、法律、资产评估、资质认证、保险、检验等中介机构业化作用。由于我国文化传媒"走出去"尚处于初步发展阶段，主管部门、行业协会、中介机构的专业化人才都远远不够，为推动文化传媒"走出去"，必须实施人才培养战略，一方面，稳定现有的文化人才队伍，加强在职培训，培养一支懂外语、熟悉法律、会经营的国际文化贸易人才队伍；另一方面，加快后备人才培养，通过与高校等教育机构的合作办学，支持高校引进国际标准的办学理念和科学技术，培养国际高端文化人才。

现阶段，基于中国特殊国情，实施文化传媒走出去战略必然要重视政府的主导作用，建设多层次的外宣媒体体系，但是中华文化传媒真正要走出去，最终是要通过市场主体的力量，必须要以市场为导向，尽量淡化意识形态诉求，科学选择目标市场，降低文化折扣度，鼓励自由经营、公平竞争，由市场去评判文化走出去的产品优劣，积极探索通过参股、收购、合资乃至上市的方式在海外融资，掌握更多的国际传媒资源，以资本运营带动产品出口，实现与国际对接，实现高附加值贸易，努力在国际上形成强大的文化竞争力和影响力，有效传播中华文化的声音。

三、综合运用多种媒介，促进公共文化信息服务平台的建设

随着现代信息传播技术的飞速发展，越来越多的科技元素渗透到了文化的生产和传播中。如何利用新技术搭建新型平台，更好地保存和传播城市文化资源，创新公共文化服务体系，保障公民均等、便捷地享受公共文化资源是我们在新形势下需要解决的迫切问题。

加快公共文化服务体系建设是我国"十二五"时期经济社会发

展的重要任务。近年来，党中央、国务院做出一系列关于公共文化服务体系建设的重大战略部署，我国公共文化服务体系建设呈现出蓬勃发展的良好态势。十八届三中全会也指出要构建现代公共文化服务体系，建立公共文化服务体系建设协调机制，统筹服务设施网络建设，促进基本公共文化服务标准化、均等化。建立群众评价和反馈机制，推动文化惠民项目与群众文化需求有效对接。

在数字化、信息化、全球化的时代背景下，深刻认识并准确把握国内外形势新变化新特点，将信息技术、数字技术、网络技术等现代科学技术和传播手段应用于公共文化服务体系建设，进一步加强公共数字文化建设，努力满足信息化环境下人民群众日益增长的精神文化需求，充分发挥公共数字文化建设在传承先进文化、传播科学知识、提高公民文明素质、增强民族凝聚力和创造力、提升国家文化软实力等方面的重要作用。[17]

公共数字文化服务具有辐射面广、传播速度快、资源广泛共享等特点，有利于解决当前制约公共文化服务体系发展的突出矛盾和问题，对公共文化服务体系建设具有十分重要的意义。近年来，文化部、财政部共同组织实施了全国文化信息资源共享工程、数字图书馆推广工程和公共电子阅览室建设计划，并取得积极进展，为"十二五"时期的公共数字文化建设奠定了基础。其中，北京市文化信息资源共享工程被列入《北京市2010年在群众生活方面拟办的重要实事》项目第四十二项——"建设多媒体信息资源服务平台，为每个村级基层服务点提供数字书刊5万册、文化讲座100场等"。但同时也必须看到，当前北京公共数字文化建设还不能满足人民群众日益增长的精神文化需求，在制度设计、资源整合、服务机制建设等诸多方面均有待加强，才发挥北京作为全国文化中心的示范带

动作用。

综合运用多种媒介，搭建数字化公共文化信息平台意味着采用互联网、无线通信网、卫星网、数字广播电视网、移动通讯网等传输渠道，运用数字化、虚拟现实三维立体展示、技术、人工智能等新兴技术手段，综合使用电视、互联网、移动媒介、公共展示屏等媒介，既向基层群众提供多层次、多样化的数字文化与服务，形成覆盖城乡的数字化公共文化服务体系，同时也能够借助现代科技，有效地提升整个公共文化服务体系的服务和管理能力。[18]

（一）强力打造基于新媒体服务的数字信息平台

发挥新媒体优势，强力打造基于新媒体服务的海量分级分布式数字信息平台，能让公民通过手机、电脑、公共触摸屏等多终端接收公共文化信息，采用在线式、交互式、点对点等形式实现优质公共文化资源的集聚整合。

北京有关部门和公共文化机构需要推出基于互联网、广播电视网和移动通信网的跨网络、跨终端的服务新业态，通过服务模式创新、新技术与新媒体应用、系统平台搭建与推广等方式，建设基于互联网的综合文化信息服务系统、通过与电视媒体、网络媒体和通讯运营商的合作，拓展公共数字文化的服务渠道，同时扩大合作者的用户群体，探索、引导社会力量参与公共数字文化建设，鼓励企业开发和推广弘扬民族精神、反映时代特点、有益于未成年人健康成长的数字文化产品，借助新兴媒体建成内容丰富、技术先进、覆盖城乡、传播快捷的数字信息平台，提供多层次、多样化、专业化、个性化的数字文化服务，扩大公共文化服务的覆盖面和辐射力，切实保障人民群众获取公共文化服务的普遍性和均等性。建设满足不同层次用户需要的开放式数字文化服务平台。

---

18 高福安、刘亮：《基于高新信息传播技术的数字化公共文化服务体系建设研究》，《管理世界》，2012年第8期，第2页。

（二）以用户为中心，推进数字图书馆共建共享建设

数字图书馆推广工程的核心内容是建设数字图书馆虚拟网、互联互通的数字图书馆系统平台和海量分布式数字资源库群，形成完整的数字图书馆标准规范体系，借助全媒体提供数字文化服务。世界各国都把数字图书馆建设作为国家信息基础设施的重要工程和国家级战略研究方向。未来北京需要以用户为中心，依托各级公共图书馆、文化共享工程各级中心、公共电子阅览室以及文化馆(站、室)、社区文化中心等基础设施推进数字图书馆推广工程，将各类数字资源，包括电子图书、电子期刊、电子报纸、图片、音视频等，分发推送到基层，进一步加强资源共享，扩大资源总量，形成规模效益。通过共建共享，数字图书馆可以实现全国用户对资源的统一搜索和主动获取；在提供资源服务的同时，采集用户的个性化行为需求和数字资源使用信息，从而掌握舆情信息和文化需求建设，成为超大规模的、分布式的、便于使用的、无时空限制的、跨库无缝链接的、信息智能检索的知识中心，成为未来社会的公共信息中心和枢纽。[19]

（三）加快数字博物馆、数字美术馆、数字文化遗产建设

北京拥有极其丰富的文化资源，目前共有文物古迹7309项，其中包括"世界文化遗产"6项、国家级重点文物保护单位古迹98项、市级文物保护单位古迹255项。如何以更加科学而规范的方式开发利用这些丰富的北京文化资源，充分发挥现代科技的作用，做到既能合理保护资源的同时又扩大其传播力和影响力，已经成为今后北京文化发展的一个重要内容。

虚拟现实所展示的，是计算机模拟的三维环境，它整合了图形、图像、声音、动画、视频等多维信息，使用者可以身临其境，

---

19 高福安、刘亮：《基于高新信息传播技术的数字化公共文化服务体系建设研究》，《管理世界》，2012年第8期，第3—14页。

并操纵系统中的虚拟对象，具备了视觉、听觉甚至触觉的多媒体展示手段。我们还可以运用三维全景实景混杂现实技术、三维建模仿真技术、360°实景照片或视频等技术搭建文化资源和文化遗产的数字虚拟展示平台，让公众可以在任何时间任何地点身临其境般地吸纳特定文化资源所包含的资讯信息和文化意蕴，与此同时，公众的切身体验与个人感受也可以通过微博、微信等信息交互技术即时与他人进行分享，能从根本上扩展文化资源和文化信息的传播力度和广度。[20]

（四）利用云计算技术，建设数字公共文化服务云平台

经过多年发展，北京文化信息化基础设施建设已初见成效，但面临文化资源分散、利用率低的现状，"信息孤岛"、资源共享不足，以及文化监控管理，文化服务便捷性等问题和挑战，日益影响北京公共文化服务发展的整体进程。

云计算等新兴技术的应用为落实"十二五"文化科技发展规划、完善公共文化服务体系建设、完成"十二五"公共文化服务目标提供了最佳技术支撑。云计算技术是并行处理、分布式处理、网格计算和网络存储的进一步发展和商业实现，其基本原理是，数据计算被分布在众多分布式计算机上，用户可根据需要随时随地访问计算机和存储系统。将云计算新兴技术引入公共文化服务，建设公共文化服务共享云，推出公共文化服务应用及支撑平台，应用先进的云计算模式，涵盖文化资源从收集、整合、共享到管理、应用的全环节。可以迅速完成和处理数以千万计甚至亿计的信息，实现公共文化服务资源的即时互动、订制与推送，将极大地推进文化资源整合、共享、监管和服务便捷性，是提升文化行业信息化水平的重要突破。

---

20 毛琦：《北京城市文化资源的数字化虚拟传播——以胡同与四合院文化传播为例》，《现代传播》，2013年第5期，第149—150页。

（五）推进与版权方的合作，合理使用数字文化资源

目前，国内在推进公共数字文化建设时，对版权保护的宗旨、基本原则、合理使用豁免的适用范围等问题，还存在一些认识误区。例如，对合理使用的适用范围认识不清，采取与著作权人对立的态度，强调无节制使用等。这些误区不仅会导致公共数字文化建设侵权风险增大，也会导致已经享有的合理使用豁免范围的缩小。公益性服务不能成为公共文化机构侵犯知识产权的免责牌，不能以提供的是公益性免费网络服务为由，擅自将作品的复制、集成与传播超出法律规定的合理使用豁免范围。因此，公共文化机构积极推进与版权方的合作，是明确作品合理使用的权限和范围、防止盗版、避免触及版权问题、合理建设和使用数字文化资源的重要工作。

四、变革新媒体规制理念，提升文化信息内容品质

任何规制活动的构建过程实际上都是各种利益群体把自己的利益要求放到规制制定的系统中，由政府或其他权威团体从社会的利益需求出发，对复杂的利益关系进行选择、综合的结果。从目前的情况来看，文化内容规制的构建是一个政治利益、公共利益和部门利益不断博弈、不断协商的过程，需要各利益相关者多方参与到规制政策制定过程中来，变革规制理念，重新配置规制主体的权力，重建规制系统，提升文化信息内容的品质。

在以互联网为代表的新媒体领域，政府如何抑制不适宜内容、保护个人隐私，实施有效的内容规制是世界各国面临的普遍难题。尽管不同的政治法律制度、社会文化决定不同的规制取向，但多数国家都有一个共同点：即边发展边规范，并调整传统的规制方式以适应新媒体的特性。

从中国的情况看，一方面随着新媒体社会影响力的扩大，有关主管部门多次颁布部门规章，或下达通知命令限制内容的表达，力

图抑制不良信息，并继续控制舆论导向；另一方面由于中国社会正在转型，在经济、社会与文化等非政治领域出现了相对意义上的多元化，而且随着互联网的发展，解构主流意识形态的网络亚文化正在崛起，已经形成一种仪式性的反抗。在此背景下，政府过于严苛地管理互联网内容，以及有关主管部门随意性很强的规制方式也会引起社会舆论的强烈不满。

从国外的经验来看，互联网最初在民间力量的推动下，经过自下而上的技术创新和应用推广而发展起来的，并最终形成了开放式参与空间，其内容规制模式形成了三种类型：

一是以自下而上的自律约束为主规制模式，主要依托行业协会、运营企业和用户之间协商和调节来约束彼此行为，譬如英国；这种模式中虽然民间团体、私营部门与个人在其中发挥了重要的作用，但由于缺少强制力，容易发生互相推诿或不作为的现象。

二是以自上而下的政府控制为主的内容规制模式，主要依托政府立法、司法或采取行政干预等手段来控制内容，譬如德国、新加坡；但是没有一个单独的政府可以完全管制互联网，而且如果政府在创建管制系统的时候忽略了运营企业的偏好和利益，运营企业就会运用其所拥有的技术来规避政府管制。

三是以自上而下的政府控制＋自下而上的自律约束为基础的规制模式，不仅依托政府相关立法，而且依赖行业内部管制及用户自我调控，譬如美国、英国、法国、加拿大等，这种模式最能体现合作规制的精神，它既解决了参与各方的利益共享平衡问题，又保证了可实际操作的务实效果。

互联网自由、多元、去中心化的特点使得各国普遍赞同政府、国际组织、民间团体、私营部门、公众"多方参与"来规制内容，形成一种协作式的管理机制。各国越来越强调政府作为服务者的角色，承认政府规制的"有限性"，着重发挥政府的服务和协调职能，实行政府与行业、用户的协同监管。政府的职责主要集中在制定相关法规和政策导向上，具体的操作规范则由行业协会等组织来制定实施，并以公民教育的方式鼓励用户自治，以减少政府的干预，更多地保护互联网上的表达自由。值得注意的是，这些利益相关者走到一起，协作不是结果，而更应该是一个动态的过程，问题的解决往往产生于各方基于一定的集体行动规则不断地博弈、不断地调适、不断地互动之中。

正如一位学者所指出的，"所有这三部分——政府、商界和非营利组织——无论来自发达或发展中国家，都需要在制定互联网政策时占有一席之地，民主政府提供公众信用，拥有强制力和检查能力；私有部分提供专业技术和驱动创新的文化；而比政府少一些官僚作风，比商界少一些商业动机的非营利组织则提供他们自己的专业意见并通过关注公众利益来激发信心。没有哪一个部分或机构可以单独地解决这个问题。"[21]

就我们的具体实践而言，尽管约束和限制互联网上的文化信息内容有其必要性，但需要考虑到保护来之不易的表达自由，并针对流动、多元、开放等特点进行差异化管理，建立"政府控制＋自律约束"的内容规制模式，明确规制标准和规制责任，搭建一个由法律监管、行业自律和个人道德规范构成的三角形框架，限制政府的行政干预，鼓励行业协会等第三方机构、运营企业，以及个人用户更多地参与其中，尽可能采取对表达自由限制较少的手段和方式来实现规制目标，避免陷入"一放就乱，一管就死"的怪圈，提高规制效能，降低规制成本。

在"政府控制＋自律约束"模式中，内容规制的参与各方涉及以下主体：

---

21 佐薇·贝尔德著：《管制互联网——政府、商界和非营利者》，《国外社会科学文摘》，2003年第1期，第27页。

1. 政府立法、司法部门以及信息产业部、广电总局等行业政府管制部门。

2. 第三方机构：它主要指由运营企业发起成立的行业自律协会组织，负责制定关于争端解决的规则并且做出个人和企业都可以接受的裁决。

3. 运营企业和机构。

4. 个人用户：内容的使用者、传播者和生产者。

其中，政府立法、司法部门和行业政府管制部门的主要职责一方面在于健全相关法律体系，譬如正视大量用户自生产音视频内容中侵犯隐私的问题，推动隐私权保护的立法，积极运用法律手段，而不是随意性很强的行政命令来管理各类内容，同时注意保护个人用户的正当权益；另一方面政府可以制定或建议指导方针，保证第三方机构部门的规则具有一定强制力，这样运营企业和机构就必须遵守第三方机构的规则和判决。另外，由于中国在电影电视行业没有建立内容分级制度，对色情、暴力、低俗内容的界定缺乏标准，规制的可操作性不强，因此政府可以和第三方机构、影视运营企业一道推动内容分级制度的建设，并将之运用到各类内容之中。

在"政府控制＋自律约束"模式中，以行业自律协会组织为代表的第三方机构扮演的角色举足轻重，是弥补"政府失灵"和"市场失灵"的社会管理机制的体现。行业自律是自律体系中的重要一环。对于网络音视频服务的内容规制而言，行业自律意味着经营者及其相关行业组织自愿采取一些共同适用的规范，开发内容过滤、分级技术系统，提醒和教育用户。行业自律有些是行业组织在政府的支持和资助下，未加盟该行业组织的经营者也要采用其所指定规范，有些则是纯粹的行业联盟成员的自我约束。以《互联网视听节目服务管理规定》为例，虽然也提出要互联网视听节目服务单位组成全国性社会团体，负责制定行业自律规范，倡导文明上网、文明办网，但中国这种靠政府推动建立的行业自律协会，容易受行政部门干预，使得行业在这方面缺乏合作精神和主动性，因此当务之急仍然是减少行政干预，推动行业成员在共同认可，自愿接受的基础上建立行业自律协会，制定所遵守的内容规范。

在"政府控制＋自律约束"模式中，对于不同运营企业和机构，以及个人用户可以遵行权责对应的原则，依据各自对内容编辑控制权的大小承担不同的责任，而不是强制他们承担过多的责任。另外，对于运营企业和机构，由于有许可证审批环节，可以以此要求其履行监管义务，但对于个人用户而言，由于数量庞大，而且很多是匿名，很难直接约束，所以由第三方机构，或运营企业和机构等推动公民教育计划实施，或通过内容的把关，引导用户的浏览行为和习惯。[22]

用户的文化素养、价值观念、知识结构、情感倾向都将影响他们的生产和传播行为，而用户在这方面的正确选择有赖于适当的教育。另外，很多用户在内容分级、隐私保护等内容控制技术使用方面缺乏足够的技能，也需要接受一些培训教育。

香港学者李月莲认为"YouTube现象"带来的社会颠覆与传媒教育范式转移，在新的范式下，需要推行"反思参与模式"，使用户不仅对内容有批判力和辨识力，而且要培育他们成为有责任感的传播制作人。

"反思参与模式"内容包括：

1. 反思式醒觉力（reflexive awareness）

传媒使用者了解媒体的影响力；能反思自己有没有不良的创作动机，例如有没有"恶搞"；得思考分享制作成果的后果，例如会

---

22 唐建英：《博弈与平衡：网络音视频服务的规制研究》，中国广播电视出版社，2012年版。

否破坏别人形象。

2. 辨识能力（discriminative judgment）

无论表达或接收传媒讯息的时候，都能辨认传媒讯息背后的价值观，能分辨内容真伪，鉴别品味。创作可以搞笑好玩，但如果作虚弄假及品味低俗，就破坏了分享平台的纯朴性。

3. 创意学习（creative learning）

认识传媒运作，熟悉媒体制作技巧，懂得从制作及分享讯息中寻求乐趣，并从中获取知识。

4. 社会监察能力（social monitoring）

具备良好地球公民意识，对社会及周遭事物有敏锐触角及监察力，监察以社会正义、公众利益和促进民主为依归，了解传媒的角色，不被人利用。

5. 合宜参与（decent participation）

保持共享平台的自由及开放，包容不同意见，关注社群福利。在参与制作及分享的过程中，懂得遵守法律和道德操守。遵重版权，避免侵犯隐私、诽谤及滥发宣传。不鼓吹暴力及不宣扬不良风气。[23]

网络比大多数环境拥有较少的普遍规则，也较少需要这样的规则，它更多地依赖于每个公民良好的判断与积极参与。[24]用户的个人自律行为与自觉、自愿、自我约束、自我调节和自我完善相关，其动力主要来自道德的约束，不具有任何强制力，受到很多条件的限制，仍然需要政府、行业等进行监督和教育。

---

23 李月莲：《"YouTube现象"带来的社会颠覆与传媒教育范式转移》，《传媒透视》，2007年第3期，第21页。

24 埃瑟·戴森：《数字化时代的生活设计》，海南出版社，1998年版，第290页。

后　记

　　《跨进全球信息传播时代——北京建设文化信息传播中心研究》一书的编写，主要由高宏存、张力确立了写作提纲，大家分工合作完成。

　　初稿完成后，高宏存根据课题组的整体要求和各位作者反复沟通，提出进一步的修改意见。最后由高宏存、张力对全书做了认真统稿，除了形式上的统一外，对个别文字做了一定的修改，在此一并说明。最后向课题组各位作者的辛勤付出表示感谢，课题研究过程也成为我们相互交流、学习的过程，相信研究成果的出版就是对我们一起度过的这段岁月的最好纪念。

高宏存 记

2014年11月20日

跨进全球信息传播时代